実務セレクト

交通警察 110判例

江原　伸一　著

東京法令出版

はしがき

　現代の市民生活において、バスやトラック、乗用車などの自動車交通には大きな利便性があり、日常生活に欠かせない社会の基盤となっている。ところが、他方で飲酒運転などによって重大事故が引き起こされ、多くの人が巻き込まれる交通事故も発生している。交通違反取締りや交通事故の問題は、一般市民の大きな関心事である。交通に関連する法制度も、危険運転致死傷罪の導入や自動車運転死傷処罰法の立法にみられるように、大きな改正が度重なり行われている。

　本書は、現場において交通警察に携わる実務家の参考となるよう、交通警察に関わる主要判例110件を選定し、「交通事犯の取締り」「交通事故事件の捜査」「危険運転致死傷事犯」「交通警察の諸問題」に大別して整理したものである。各判例については、判例理解のためのポイント、事案概要、判決（決定）要旨、解説を、見開き2頁にまとめている。参考となる関連判例も掲載している。

　本書では、業務上過失致死傷罪から自動車運転過失致死傷罪、さらに過失運転致死傷罪への変遷など、最近における交通法制の大きな転換にかんがみ、読者の利便を図るため、適用罪名（関係違反）の項目を設け、当該判例で問われている交通に関係する罪名（違反）を簡記し、欄外にその根拠法条を記載している。

　本書が、交通警察を担当する実務家の参考となれば幸いである。出版にあたり、東京法令出版の皆さんにお世話になった。厚くお礼申し上げたい。

　　平成29年7月

　　　　　　　　　　　　　　　　　　　　　　　　江原　伸一

凡　例

○　法令

道交法…………………………	道路交通法
刑訴法…………………………	刑事訴訟法
国賠法…………………………	国家賠償法
自賠法…………………………	自動車損害賠償保障法
自動車運転死傷処罰法……	自動車の運転により人を死傷させる行為等の処罰に関する法律

○　文献

判時…………………………	判例時報
判タ…………………………	判例タイムズ
裁判所web　………………	裁判所ウェブサイト・裁判例情報（www.courts.go.jp/app/hanrei_jp/search1）
WJ…………………………	ウエストロー・ジャパン（Westlaw Japan）
LEX／DB ……………………	ＴＫＣ法律情報データベース

〔参考文献〕

警察官実務六法（東京法令出版）
判例六法（有斐閣）
法律学小辞典（有斐閣）
実務に役立つ最新判例77選―交通警察―（東京法令出版）
実務に役立つ最新判例77選―捜査手続―（東京法令出版）
実務に役立つ最新判例77選―刑法・特別刑法―（東京法令出版）

　　注　刑法の危険運転致死傷（208条の２）及び自動車運転過失致死傷（211条２項）は、自動車運転死傷処罰法の施行に伴い、削除されている（平成26年５月20日）。なお、本書では、判決時の根拠法条として、削除前の法文を掲載している。

目　次

第1　交通事犯の取締り

【速度違反の取締り】
1　速度違反の測定方法の正確性（神戸地裁平成18年7月20日判決）............ 2
2　パトカー追尾による速度測定（神戸地裁平成18年8月23日判決）............ 4
3　速度計測結果の信用性（京都地裁平成20年1月18日判決）.................... 6
4　速度規制の妥当性（高松高裁平成26年10月23日判決）........................ 8
5　速度超過と緊急避難（札幌高裁平成26年12月2日判決）...................... 10
6　車載式速度測定機器による取締り（仙台地裁平成27年7月9日判決）...... 12

【オービスによる取締り】
7　オービスによる速度違反取締り（東京簡裁平成14年11月27日判決）...... 14
8　ナンバープレート規制の適法性（東京高裁平成17年1月19日判決）........ 16
9　オービス速度測定の正確性（神戸地裁平成17年7月15日判決）.............. 18
10　オービスの計測誤差（神戸地裁平成19年8月29日判決）...................... 20

【飲酒運転の取締り】
11　酒気帯び運転の認定（福岡高裁宮崎支部平成15年7月17日判決）.......... 22
12　証拠血液の領置方法（大阪高裁平成15年9月12日判決）...................... 24
13　酒気帯び運転の証明（広島高裁松江支部平成16年1月26日判決）.......... 26
14　無免許酒気帯び運転での信号無視（大阪地裁平成18年9月12日判決）... 28
15　飲酒運転同乗への黙示の依頼（長野地裁平成24年7月5日判決）.......... 30
16　呼気検査への非協力（東京高裁平成25年5月8日判決）...................... 32

【暴走行為事犯】
17　集団暴走妨害に対する仕返し（横浜地裁小田原支部平成14年7月12日判決）.. 34
18　暴走行為者逮捕に伴う実力行使（徳島地裁平成15年3月26日判決）........ 36
19　集団暴走加担の違法性（水戸家裁平成27年10月13日決定）.................. 38

【各種交通違反の取締り】

20　通行帯違反と運転者の内心（東京高裁平成13年7月11日判決）…………40
21　歩行者通行の妨害（京都地裁平成13年8月24日判決）………………………42
22　免許失効と無免許運転（神戸地裁平成14年1月9日判決）…………………44
23　シートベルト装着義務違反の成否（大阪高裁平成20年2月14日判決）……46
24　追跡車両の急ブレーキとパトカー追突（東京地裁平成26年2月4日
　　判決）……………………………………………………………………………48

第2　交通事故事件の捜査
（過失致死傷事犯）

【ひき逃げ事件】

25　停止中の車両への当て逃げ（東京高裁平成13年5月10日判決）……………52
26　商業施設駐車場内でのひき逃げ（高松地裁平成14年11月28日判決）………54
27　複数事故と因果関係（神戸地裁平成15年1月16日判決）……………………56
28　高速道路でのひき逃げ死亡事故（広島高裁平成15年7月15日判決）………58
29　救護義務対象となる「負傷者」（静岡地裁平成16年11月10日判決）………60
30　自転車女性に対するひき逃げ死亡事故（岡山地裁倉敷支部平成17年
　　9月9日判決）……………………………………………………………………62
31　車両への攻撃と正当防衛（大阪地裁平成24年3月16日判決）………………64
32　暴走重大事故のひき逃げ死亡事故（札幌地裁平成28年11月10日判決）……66

【交差点事故】

33　患者搬送救急車の交差点事故（千葉地裁平成14年3月28日判決）…………68
34　暴走運転による右折車両への衝突（長野地裁平成14年12月10日判決）……70
35　左折トラックによる死亡事故（長野地裁平成15年4月7日判決）…………72
36　安全確認を欠いた右直死亡事故（大阪地裁平成15年5月8日判決）………74
37　信号表示を無視した交通事故（名古屋地裁平成21年8月10日判決）………76

【横断歩道事故】

38　居眠り運転による死亡事故（神戸地裁平成15年2月26日判決）……………78
39　見通しが悪い横断歩道での死亡事故（神戸地裁平成16年4月16日判
　　決）………………………………………………………………………………80

40 スマホゲームへの脇見運転と死亡事故（名古屋地裁一宮支部平成29年3月8日判決）……………………………………………………………82

【車両安全装備関連事故】
41 サイドブレーキ引き忘れによる死亡事故（横浜地裁横須賀支部平成15年7月16日判決）……………………………………………………84
42 マイクロバスからの児童転落（さいたま地裁平成21年3月11日判決）……86
43 走行中のタイヤ破裂と死亡事故（神戸地裁平成21年3月25日判決）……88

【高齢運転者事故】
44 駐車場内での暴走事故（静岡地裁浜松支部平成24年9月24日判決）………90
45 フリーマーケット会場への暴走事故（千葉地裁平成28年5月10日判決）……………………………………………………………………92
46 集団登校中の小学生の列への暴走事故（前橋地裁高崎支部平成28年6月27日判決）………………………………………………………94

【運転誤操作事故】
47 対向車線へのはみ出し事故（大阪地裁平成13年10月11日判決）…………96
48 高速道の路面凍結とスリップ死亡事故（横浜地裁平成13年11月2日判決）……………………………………………………………………98
49 車両による店舗外壁損壊（大分地裁平成23年1月17日判決）…………100
50 雪の高速道路での速度調節義務（名古屋高裁金沢支部平成24年9月11日判決）……………………………………………………………102
51 ドリフト走行による重大事故（大阪高裁平成27年7月2日判決）………104

【大型トラック関連事故】
52 酒酔い運転中の積み荷落下による重大事故（静岡地裁平成13年10月26日判決）……………………………………………………………106
53 トラックの死角と注意義務（高松高裁平成14年3月12日判決）………108
54 タイヤ脱落による重大事故（静岡地裁平成21年2月26日判決）………110
55 積載コンテナ落下による重大事故（名古屋地裁平成25年9月5日判決）……………………………………………………………………112

【多重事故】
56 過労運転による重大追突事故（津地裁平成15年1月29日判決）………114
57 大型トラックによる渋滞車列への衝突（奈良地裁平成19年2月23日判決）……………………………………………………………………116

| 58 | 危険物積載トラックによる追突死亡事故（神戸地裁平成20年9月9日判決）……………………………………………………118 |
| 59 | 渋滞高速道路での多重衝突事故（名古屋地裁平成23年7月8日判決）…120 |

【暴走運転事故】

60	追跡接近行為と死亡事故（福岡地裁小倉支部平成14年6月3日判決）…122
61	暴走自動二輪車による死亡事故（松山地裁平成17年12月26日判決）…124
62	生活道路での園児死傷事故（さいたま地裁平成19年3月16日判決）…126
63	飲酒の上の暴走運転事故（松山地裁平成20年1月17日判決）………128

【各種交通事故事犯】

64	死亡事故回避の可能性（神戸地裁平成15年1月29日判決）…………130
65	開放ドアへの自転車衝突（東京高裁平成25年6月11日判決）………132
66	関越道高速ツアーバス事故（前橋地裁平成26年3月25日判決）……134

第3　危険運転致死傷事犯

【アルコール影響型】

67	2名死亡の多量飲酒危険運転（さいたま地裁平成14年6月18日判決）…138
68	大型トレーラによる危険運転（水戸地裁平成15年12月1日判決）……140
69	ウォークラリー高校生への突入事故（仙台地裁平成18年1月23日判決）……………………………………………………………………142
70	飲酒の上の暴走危険運転（さいたま地裁平成20年11月12日判決）…144
71	駐車場発車時の巻き込み死亡事故（大阪地裁堺支部平成22年7月2日判決）……………………………………………………………146
72	アルコール影響による居眠り運転（神戸地裁平成24年12月12日判決）…148
73	スマホ操作熱中の飲酒危険運転（札幌地裁平成27年7月9日判決）…150

【薬物影響型】

74	脱法ハーブ使用の危険運転致死（名古屋地裁平成25年6月10日判決）…152
75	薬物多量服用と危険運転致死（函館地裁平成27年6月19日判決）……154
76	危険ドラッグ使用の危険運転（東京高裁平成28年6月8日判決）……156

【制御困難型】
77 一般道暴走運転による重大事故（静岡地裁平成18年1月25日判決）……158
78 ゼロG状態での高速度走行（千葉地裁平成25年5月23日判決）…………160

【通行妨害型】
79 知人とのカーチェイスの末の死傷事故（神戸地裁姫路支部平成15年2月19日判決）………………………………………………………………162
80 逃走のための逆行による事故（広島高裁平成20年5月27日判決）………164
81 事故現場からの逃走と正面衝突事故（松山地裁平成20年11月28日判決）……………………………………………………………………………166
82 パトカーからの逃走と通行妨害（東京高裁平成25年2月22日判決）……168

【信号無視型】
83 パトカー追跡を免れるための危険運転（さいたま地裁平成16年4月9日判決）……………………………………………………………………170
84 無登録車両の危険運転致死傷（宇都宮地裁平成16年8月3日判決）………172
85 睡眠時無呼吸症候群と危険運転の成否（名古屋高裁平成21年7月27日判決）………………………………………………………………………174
86 赤色信号の殊更無視（東京高裁平成26年3月26日判決）………………176

【病気影響型】
87 てんかん発作と危険運転致傷（札幌地裁平成26年9月2日判決）………178

【発覚免脱型】
88 アルコール等影響発覚免脱罪（札幌地裁小樽支部平成28年9月28日判決）……………………………………………………………………………180

【幇助犯】
89 酒酔い危険運転致死傷の幇助行為（仙台高裁平成21年2月24日判決）…182
90 危険運転致死傷の幇助罪（最高裁平成25年4月15日判決）………………184

第4　交通警察の諸問題

【故意犯罪とされた交通事故事犯】
- 91　暴力団員による暴走行為者追跡（福岡地裁平成14年9月19日判決）……188
- 92　急ブレーキによる傷害致死（静岡地裁平成15年7月2日判決）…………190
- 93　仙台アーケード街暴走事故（仙台地裁平成19年3月15日判決）………192
- 94　ひき逃げを装った殺人（大阪地裁平成21年1月16日判決）……………194

【保険金詐欺事犯】
- 95　外車損害を装った保険金詐欺（福岡地裁小倉支部平成14年9月12日判決）……………………………………………………………………………196
- 96　多重追突事故の偽装（神戸地裁平成15年5月14日判決）………………198
- 97　偽装事故の否認（神戸地裁平成25年7月9日判決）……………………200

【身代わり・名義貸し事犯】
- 98　飲酒運転の身代わり（神戸地裁平成14年1月30日判決）………………202
- 99　追突されたバス運転手の身代わり（名古屋地裁岡崎支部平成15年10月18日判決）………………………………………………………………204
- 100　飲酒運転の口裏合わせ（札幌高裁平成17年8月18日判決）……………206
- 101　高速バス事故運転手への名義貸し（前橋地裁平成24年12月10日判決）……………………………………………………………………………208

【交通特殊事犯】
- 102　大型貨物車の違法車検（神戸地裁平成14年11月18日判決）……………210
- 103　偽の車検証作成（岡山地裁平成14年12月25日判決）……………………212
- 104　観光バス運転手に対する過労運転下命（大阪地裁平成20年1月25日判決）……………………………………………………………………………214
- 105　ＥＴＣシステムの車種確認機能の悪用（横浜地裁平成27年6月9日判決）……………………………………………………………………………216
- 106　トラック運転手に対する過労運転下命（広島地裁平成28年11月14日判決）……………………………………………………………………………218

【運転免許の処分】
- 107　運転免許停止処分の取消請求（東京高裁平成19年1月31日判決）………220
- 108　運転免許取消処分の取消請求（名古屋地裁平成25年12月19日判決）……222

【自転車事故の責任】
- 109 オートバイ運転者を死亡させた自転車の重過失（福岡高裁平成22年3月10日判決）……224
- 110 急勾配を下る児童の自転車と女性との衝突事故（神戸地裁平成25年7月4日判決）……226

判例索引……229

第1

交通事犯の取締り

速度違反の測定方法の正確性
神戸地裁平成18年7月20日判決

適用罪名：速度違反
参考文献：裁判所 web

ポイント レーダスピードメータによる速度違反取締り

事案概要

　本件当時、現場付近道路は片側2車線の直線道路となっており、最高速度時速40キロメートルの速度規制がなされていた。警察官甲らは、当日午前11時19分頃から午後0時56分頃までの間、本件道路において、歩道の縁石上に取り付けたレーダスピードメータ（本件速度測定装置）を投射角25度に設定して、走行してくる車両について速度違反取締りを実施した。本件速度測定装置は、いわゆるドップラー効果を利用して送信した電波ビーム内の走行車両に反射した電波を受信し、その周波数の変化から車両速度を測定する装置である。本件当時、同装置は正常に作動していた。

　Rは、普通乗用自動車を運転して現場付近道路を走行していた。甲が、本件速度測定装置によりR運転車両に向けて電波ビームを送信してその速度を測定したところ、その最高速度を33キロメートル超える時速73キロメートルという測定結果が出た。Rは、取締り現場において、警察官乙から速度違反の事実を認める旨記載された交通事件原票に署名等を求められ、署名押印した。

　Rは、道交法違反（速度違反）で起訴された。公判において、弁護人は、R運転車両の速度を警察官が測定した際に、第2車線上の2重又は3重のドップラー効果が生じる位置にその他の車両が走行していたため、R運転車両について実際の速度と異なる速度が測定された可能性を主張した。

判決要旨　有罪（罰金6万円）

　関係証拠によれば、

① 甲は、本件取締り時までに6年ほど現認測定係として従事した経験があること。
② 甲の測定位置から本件現場付近道路の道路状況が明確に視認できること。
③ 本件速度測定装置の操作説明書には、投射角25度の場合には電波を発射し50メートル以内に他車がいないことを確認する旨記載されており、甲もその記載に従った測定をした旨明言していること。
④ R運転車両の速度を測定したのは本件取締り開始から約10分後である上、それまでに既に2件の速度違反を検挙していたことに徴すると、誤測定のおそれのある車両を後日の紛糾の可能性を押してまであえて検挙しなければならない必要性があったとは解されないこと。
⑤ 「速度取締用通報記録紙」の走行状況欄には「単独」という記載や、速度測定カードのうち記録装置操作係の警察官丙が作成した部分には「白、フジ、335、単独」との記載があり、それらの記載はその筆跡などに照らして甲の証言を裏付けていること。
が認められ、これらを考え併せると甲証言には高度の信用性を認める。

解説

本事案は、違反者が33キロメートルの速度超過で車両を運転して、警察官による速度違反取締りで検挙されたものであるが、公判において速度違反取締りの正確性が争点とされた。本判決では、本件速度違反取締りの測定結果の正確性に疑いを生じさせるような事情は存在しないなどとして、速度違反の事実を認め違反者を有罪とした。

なお、違反対象者の車両速度測定状況をみると、取締り警察官丁は「違反者の運転車両の速度を測定した際には第2車線も含めてその前後50メートルに他の車両はなかったので、記録装置操作係に『1車、白色、普通乗用、335、単独』と通報した。『単独』とは、測定時に前後に他の車両がないという意味である。」旨証言していた。

◆◆ 根拠法条 ◆◆

速度違反……道交法4条1項、22条1項、118条1項1号、施行令1条の2第1項

2 パトカー追尾による速度測定
神戸地裁平成18年8月23日判決

適用罪名：速度違反
参考文献：裁判所web

ポイント　パトカー搭載速度計による測定

事案概要

　本件当日午前2時過ぎ、警察官Aらが覆面パトカーで高速道路の走行車線を走行中、L車両が追越し車線を進行して、パトカーを追い抜いていった。Aらは、L車両の速度超過を疑い、速度測定を行うためL車両を追い上げた。パトカーは、L車両との車間を約30メートルに保ったまま、速度測定の準備として約100メートル追尾し、その後約200メートル追尾して速度測定を実施した。
　その結果、L車両の速度は104キロメートル毎時と測定された。この間、パトカーに搭載された速度計の数値は、測定開始時から終了時まで104キロメートル毎時で不動であり、L車両とパトカーの車間距離も一定であった。速度測定を終えてから、Aらはサイレンを鳴らし、マイクを使ってL車両に停止を命じた。
　Lは、最高速度（60キロメートル毎時）を44キロメートル超える104キロメートル毎時で普通乗用自動車を運転して進行した、として道交法違反で起訴された。
　公判において、弁護人は、本件速度測定を実施したパトカーは赤色灯をつけないまま最高速度を超過し、車間距離もとらずに追尾して速度測定をしたもので、違法な追尾によるものであるから証拠能力がなく、公訴は無効であるなどと主張した。

判決要旨　有罪（罰金5万円）

　L車両の追尾及び速度測定の際に本件パトカーとの車間距離が約30メートルであったことは、同距離が100キロメートル毎時で進行した場合の1秒間での進行距離である約27.8メートルに近い。本件パトカーを運転していたA

は、長年交通取締りに従事した経験を有する警察官である上、本件当時はL車両は速度測定の対象であって、その動静に注意を払って運転していた。
　前記車間距離は、仮にL車両が急に停止したときにおいて、これに追突するのを避けることができる距離といえるから、直ちに道交法26条に違反するものとはいえない。仮に同条違反として違法であるとしても、本件パトカーの運転が具体的にL車両との衝突等、交通の安全を損なうような事態を生じさせる危険性があったとはいえないから、この違法は速度測定の結果の証拠能力を否定しなければならないほどの重大なものとはいえない。

解説

　本件は、普通乗用自動車による高速道路での速度違反事案である。違反者は、指定最高速度を44キロメートル毎時超える高速度で進行したもので、違反の程度は著しく、その運転の危険性は軽視できない。
　また、違反者は、自らの速度違反の刑事責任には直接関係しない、パトカーの赤色灯の不点灯等も問題にしていた。この点について、本判決では、車両追尾及び速度測定の際に、本件パトカーが赤色灯をつけていなかったことは、本件パトカーが緊急自動車としての要件を欠いたまま最高速度を超える速度で進行したことになるから、道交法22条1項違反として違法となる可能性があるが、この違法は違反者に対する権利侵害を伴うものでないから、速度測定結果の証拠能力が否定されるものではないと判断している。

◆◆ 根拠法条 ◆◆
速度違反……道交法4条1項、22条1項、118条1項1号、施行令1条の2第1項

▶ 関連判例　札幌高裁昭和60年1月24日判決（判時1163号）
　パトカーが赤色灯をつけない追尾によって速度違反取締りを行ったが、速度測定カードの証拠能力は否定されないと判断された事例

速度計測結果の信用性
京都地裁平成20年1月18日判決

適用罪名：速度違反
参考文献：LEX／DB 25400312

ポイント レーダスピードメータの測定方法

事案概要

　本件現場は片側2車線の道路で、本件測定地点付近では直線となっていた。本件当日、警察官Bを測定係、Cを停止係等として、レーダスピードメータを使用して速度違反等の交通取締りが行われた。

　本件レーダスピードメータは、電波のドップラー現象を利用して、道路を通過中の自動車の速度を機械的に測定する装置である。自動車がビーム内を通過した場合、自動的にビーム内の最大速度を測定表示し、2台以上の車両が通過した場合には、その中の最も速い車両の速度を表示する仕組みとなっている。本件前後において、本件レーダスピードメータは業者により点検がなされているが、異常は認められなかった。

　Hは、本件当日午後2時50分頃、道路標識により最高速度が50キロメートル毎時と指定されている本件道路において、その最高速度を31キロメートル超える時速81キロメートルで、普通乗用自動車を運転して進行した。

　Hは、道交法違反（速度違反）で起訴された。公判において、弁護人は測定方法の正確性を争い、誤測定の可能性があるなどと主張した。

判決要旨　有罪（罰金6万円）

　測定係であったBは、本件当日、補助者を設けて本件レーダスピードメータを設置した後、取扱説明書に従い、三脚に設けられている角度に基づき投射角を10度に設定し、音叉を用いて正常に作動することを確認した上、取締りを開始した、などと供述している。

> 　Bは設置方法についても取扱説明書に従って設置をし、正常に作動することを確認した、本件当日の違反者でH以外に否認した者はいないというのであるから、本件レーダスピードメータによる測定方法に疑義を差し挟む余地はなく、一般的抽象的に誤測定の可能性があるからといって、上記推認が揺らぐものともいえない。

解説

　本件は、違反者が幹線道路において制限速度を30キロメートル余り超える高速度で進行した速度違反の事案である。
　本件速度違反取締りの状況をみると、本件車両は追越し車線をかなりの高速度で進行してきたのを現認した測定係警察官が、停車係警察官に対して無線で「速いで。追越し車線、独走、スポーツタイプ。」などと連絡した。その際、本件車両の周囲には他に車両はなく、完全に独走の状態であった。その後警報音が鳴り、速度表示装置の速度表示部に81キロメートルと表示されていたので、速度違反であることを確認し、本件車両のナンバーを確認して停車係に無線でナンバー等を伝えていた。
　違反者は、検挙された折、係員から速度記録紙を示されるなどした際、自車の速度を測定したものとすることには疑問を呈したものの、他車両の存在や後続車両の存在を指摘して、他車両の速度を測定した可能性のあることを具体的に指摘することはなく、速度の正確性等を確認するような行動には出ていなかった。
　本判決では、以上のような点も踏まえ、本件速度記録紙は車両の速度を正しく測定したものと推認できると判示した。

◆● 根拠法条 ●◆

　速度違反……道交法4条1項、22条1項、118条1項1号、施行令1条の2第1項

▶関連判例◀　東京高裁平成元年4月26日判決（判時1325号）
　　レーダ式速度測定機による取締りについて、後方にトラックが走行していたが、そのトラックが測定ビームを受けたとしても反射電波は微弱であり、仮に強い反射電波が返ったとしても不連続波となって計測が不可能になるとして、速度測定の正確性を認めた事例

速度規制の妥当性
高松高裁平成26年10月23日判決

適用罪名：速度違反
参考文献：WJ

ポイント　公安委員会による速度規制の裁量権

事案概要

　最高速度が40キロメートル毎時と指定された道路を、Qは時速59キロメートルで普通乗用自動車を運転した。
　Qは、道交法違反（速度違反）で起訴された。1審は、Qを有罪（罰金1万2千円）とした。Qは控訴し、公安委員会が本件道路の最高速度を40キロメートル毎時とした指定は、公安委員会の裁量権を著しく逸脱した無効なものであり、Qの行為には可罰的違法性はなく、無罪であるなどと主張した。

判決要旨　控訴棄却

　本件道路について、K公安委員会が最高速度を40キロメートル毎時と指定したのは、昭和53年9月18日であり、それ以降、本件当時まで指定を維持している。
　その理由として、
① 　区間内に、信号機による交通整理の行われていない横断歩道がある。
② 　歩道の未整備区間がほとんどであり、歩車分離がされていない。
③ 　道路の東方に工場があり、大型車両の往来が頻繁である。
④ 　本件道路の延長線上には、双方とも住宅密集地域がある。
⑤ 　住宅密集地区内の県道は、狭隘な道路形状である上、2つの小学校が県道に隣接している沿道環境から、県道は指定速度が30キロメートル毎時に規制されている。
⑥ 　前記道路は、住民代表者から、子供の通学路の危険性から速度取締り要

望があり、警察署において速度違反取締りを実施している路線である。
が挙げられる。

　上記事情は、いずれも最高速度を下方修正する要素として考慮することに合理性を欠くものではなく、特に④から⑥までの各事情は、当該道路と同じ路線内にある前後の道路を含めて考察するものであり、同一路線内の区間の速度差を少なくすることは、交通の安全と円滑を図るという観点から合理性があり、同一路線に隣接して学童の通学路などのため特に安全を確保しなければならない道路がある場合には、その要請に十分応えるために当該道路の規制のみならず、その周辺道路の規制を含めて一体として取り組むことにも合理性がある。

解説

　最高速度の指定が都道府県公安委員会に委任されているのは、各地域の道路における最高速度を一律に規制するのではなく、それぞれの地域における道路や交通の状況に応じて、各地域の公安委員会が法の委任の範囲内で、その裁量により定めるのが実情に即しているからである。

　仮に、都道府県公安委員会のした最高速度の指定が相当でないとしてもそれだけでその効力を否定することはできず、その指定に都道府県公安委員会の裁量権を著しく逸脱するような重大な瑕疵がある場合でなければ、その効力を否定することはできないと解される。

　このような観点から、本判決では、本件速度指定に関して裁量権を著しく逸脱するものとは認められず、有効であり、本件速度違反について可罰的違法性を欠くものとはいえないと判示した。

◆◆ 根拠法条 ◆◆
　速度違反……道交法4条1項、22条1項、118条1項1号、施行令1条の2第1項

関連判例　最高裁昭和62年9月17日決定（判時1274号）
　公安委員会が実施した駐車禁止規制について、その裁量の範囲を逸脱したものではないとした事例

速度超過と緊急避難
札幌高裁平成26年12月2日判決

適用罪名：速度違反
参考文献：LEX／DB 25505480

ポイント　速度違反と「やむを得ずにした行為」

事案概要

　Zは、法定の最高速度（60キロメートル毎時）を34キロメートル超える時速94キロメートルで、普通乗用自動車を運転して進行した（本件速度超過行為）。

　Zは、道交法違反（速度違反）で起訴された。1審は、後続車がZ車両の後方に密着するような走行をしてきたためというZの供述について相当程度の信用性が認められるとし、本件速度超過行為は自己の生命及び身体に対する現在の危難を避けるためやむを得ずにした行為に該当し、生じた害が避けようとした害の程度を超えないといえるから緊急避難が成立するなどとして、Zを無罪とした。

　検察官が控訴した。

判決要旨　原判決破棄・有罪（罰金4万円）

　Zの供述を前提としても、後続車が、対向車線に進出して他の車両を追い越し、Z車両のすぐ後方に進入した後、対向車線に進出してZ車両と並走することを2、3回繰り返したり、Z車両の1、2メートル後方に密着するように迫ったりしたほか、それに先立ち、Zと後続車の運転者との間で格別にいさかいはもとより、何らの関わりもなかったというのであるから、後続車の運転者はZ車両を追い越すことを意図して上記のような走行方法をとったとみるほかなく、Zにおいてもそのことを認識していた。

　そのような場合、先行する車両の運転者として、ブレーキを軽く踏んで制動灯を点灯させ、後続車にZ車両への接近行為をやめるように注意を喚起し、なお後続車が同様の走行方法を続ける場合には、適宜減速して左寄りに進路

を変更したり、道路左端の路側帯等に退避したりして、後続車による追越しを促すことが、常識的かつ通常の対処方法である。

　Zが供述する本件当時の具体的状況を踏まえても、そのような対処方法をとることは、現実的で十分に可能であった。本件において、Zが本件速度超過行為に及ぶ以外に後続車の接近等を避ける現実的な方法がなかったとは到底いえず、速度超過という犯罪行為に出たことが条理上肯定し得ないことは明らかであり、本件速度超過行為は刑法37条1項にいう「やむを得ずにした行為」に該当しない。

解説

　刑法37条1項に定める「やむを得ずにした行為」とは、当該避難行為をする以外には他に方法がなく、そのような行為に出たことが条理上肯定し得る場合を意味する。

　本件は、普通乗用自動車の法定速度違反の事案である。違反者は、後続車のあおり行為により速度超過行為に至った、と弁解していた。1審は、この主張を認めて緊急避難に該当するなどとして、速度超過行為を無罪とした。

　これに対し、本判決では、後続車が追越しを意図せず、接近自体を意図したいわゆるあおり行為をしていたと認める根拠はなく、仮にあおり行為に及んでいたとしても、それまでに後続車の運転者との間には何ら関わりもなかったのであり、ブレーキランプを点灯させて注意を喚起する方法や、車両を左側に寄せる方法等により、後続車の接近等が解消される可能性は高かったなどと判断した。

　そして、本判決では、違反者は不合理な弁解に固執し、自己の責任を否定しており、反省の姿勢がうかがえない、本件速度超過行為は重大な事故を引き起こしかねない危険な犯行であるとして、1審判決を破棄して、有罪判決を下した。

◆ 根拠法条 ◆

速度違反……道交法4条1項、22条1項、118条1項1号、施行令1条の2第1項

車載式速度測定機器による取締り
仙台地裁平成27年7月9日判決

関係違反：速度違反
参考文献：裁判所web

ポイント　免停後の速度違反事実の否認

事案概要

　Tは、本件当日午前10時47分頃、道路標識により最高速度が時速40キロメートルに指定され、車載式速度測定機器（本件機器）による最高速度遵守義務違反の取締りが行われていた道路において、指定最高速度を29キロメートル超過する時速69キロメートルで、普通乗用自動車を運転して進行した。

　警察官甲は、本件取締り中、T運転の自動車が後方から接近して本件道路を走行してくるのを認め、本件機器を用いて速度を測定した。すると、速度違反を感知したことを知らせる警告音が発せられ、走行速度が時速69キロメートルであることを示す速度測定記録紙が排出された。甲はT車を停車させ、Tに対し本件機器に表示された測定結果を確認させるなどして、最高速度違反である旨を告げた。Tは納得がいかない様子をみせたものの、交通事件原票の供述書欄の下部に署名して指印を押すよう求められて、これに応じた。

　公安委員会では、Tの最高速度遵守義務違反行為について、以前に犯した座席ベルト装着義務違反と併せて運転免許効力停止処分の対象となったとして、60日間の運転免許の効力停止処分を行った。

　この免停処分に対して、Tは、本件取締り場所には草むらなど遮蔽物があったことから正確性に疑問があるなどと主張して、処分取消し等を請求した。

判決要旨　請求棄却

　認定事実によれば、本件取締りの開始前及び終了後に行われた点検並びに本件取締りの約2か月前と約3か月後に行われたメーカーから派遣された技

> 術者による保守点検の結果がいずれも良好であったこと、無線取扱いの資格を有する警察官により本件機器が操作されたこと、本件取締りは本件パトカーに積載された本件機器から投射されたビームの圏内で対象車両の速度の測定が行われており、多重反射によるプラス誤差が生じる状況にはなかったことなどの事実が認められる。
> 　これらの事実を総合すると、本件取締りの際、本件機器が正常に作動しており、これを適正に使用する能力のある警察官によって本件自動車の速度の測定が正確に行われたという事実を推認することができる。

解説

　本件速度違反取締りに使用された機器は、ドップラー効果を利用して走行中の自動車の速度を測定する車載式速度測定機器である。本件取締りは、機器を搭載したパトカーを道路沿いに設置されている待避所に道路と平行になるように停止させた上、パトカー後方からの走行車両を対象に、特殊無線技士の免許を保有している警察官が機器を操作して実施された。

　なお、本件機器の特性としては、レーダ電波を投射して道路を走行して接近してくる車両の速度測定をする際に、パトカーを道路と平行に対象車両と同一方向に向くように停車させた場合、後方のレーダ電波は10度の投射角で投射され、道路に対して6度から14度の範囲で投射されるため、対象車両の速度は当該ビーム圏内で測定される。その場合、対象車両の走行態様によってプラス誤差が生じることはない。

　このようなことから、本判決では、本件機器から排出された速度測定記録紙上の表示速度である時速69キロメートルという測定結果は正確なものであり、違反者による最高速度遵守義務違反行為の存在は明らかである、と判示している。

◆◇ **根拠法条** ◇◆

速度違反……道交法4条1項、22条1項、118条1項1号、施行令1条の2第1項

オービスによる速度違反取締り
東京簡裁平成14年11月27日判決

適用罪名：速度違反
参考文献：裁判所 web

|ポイント| 制限速度の認識と速度違反の故意

|事案概要|

　Wは、本件当日午後4時頃、道路標識によりその最高速度が60キロメートル毎時と指定されている首都高速道路において、その最高速度を60キロメートル超える時速120キロメートルで、普通乗用自動車を運転して進行した。
　Wが本件取締りを受けた首都高速道路は片側2車線で、Wはその第2通行帯を走行中に本件違反をした。W車の速度を測定した装置は自動速度取締機（オービスⅢ）であり、本件取締り前後に定期点検がなされているが、異常はなく良好であった。捜査報告書によれば、本件速度違反を撮影したフィルム1本には、本件以外に17件の違反車が撮影されており、捜査中の3件を除き、本件以外の違反者は全て違反事実を認めている。
　Wは、道交法違反（速度違反）で起訴された。

|判決要旨| 有罪（罰金9万円）

　Wは「60キロ制限であることを知らなかったし、80キロ制限だと思っていた。速度はせいぜい110キロしか出ていない。」と述べ、弁護人はこの点を理由に錯誤を主張する。
　しかしながら、Aランプから本件違反場所までの区間は、Wは初めて通る道路ではなく、食材の買い出しのため月2回くらいの割合で通行している道路であり、同区間には、60キロ制限の規制標識が3か所、自動速度取締機設置路線の警告看板が5か所、それぞれ設置されていた。Wは、この区間を走行中に60キロ制限の規制標識を見ていたことが推認されるので、Wは本件道

> 路が60キロ制限であることを知っていたことが認められる。
>   仮に、Wが制限速度が60キロメートル毎時であることを知らなかったとしても、故意による速度違反罪が成立するためには、運転手に「制限速度を超えて車両を運転していることの認識」があれば足りる。Wは、単に制限速度の程度と速度超過の程度を誤認したに過ぎないのであって、100キロないし110キロくらいで走行しているとの認識はあったのであり、「制限速度を超えて車両を運転しているとの認識」においては何ら欠けることがないから、指定速度違反の故意の成立を妨げない。

解説

　本件は、首都高速道路での速度違反事案である。弁護人は、本件違反者は道路の速度規制が80キロであると勘違いしていたのであるから、過失による指定速度違反にとどまる、また120キロ走行として取締りを受けたが、110キロまでしか出していないという認識なので、その点で錯誤があるから仮に故意犯が成立するとしても、80キロ規制の認識で110キロ走行の認識、即ち指定速度30キロ超過の故意犯が成立するにとどまる、などと主張していた。

　違反者の速度認識については、公判で「ストロボが光ったので速度取締を受けたと思い、メーターを見たら100キロか110キロくらいの速度だった。」と述べていた。これについて、本判決では、違反者は「光った時、アクセルを離したように思う」とも述べているのであるから、スピードメーターを見た時点では既に減速していたことが推認され、本件オービスⅢが120キロを計測したことと、メーターが100〜110キロを指していたことは何ら矛盾しない、と判断している。

◆■ 根拠法条 ◆■

　速度違反……道交法4条1項、22条1項、118条1項1号、施行令1条の2第1項

▶関連判例　最高裁昭和61年2月14日判決（判時1186号）
　　自動速度監視装置による運転者の容貌の写真撮影は、現に犯罪が行われている場合になされ、犯罪の性質、態様からいって緊急に証拠保全をする必要性があり、その方法も相当なものであるから、憲法13条に違反しないと判断された事例

8 ナンバープレート規制の適法性
東京高裁平成17年1月19日判決

適用罪名：遵守事項違反
参考文献：判時1898号

ポイント　赤外線を吸収する物の装着規制

事案概要

　Sは、平成13年9月、東京都内の道路において、自動車登録番号標（ナンバープレート）に赤外線を吸収するための物を取り付けて、普通乗用自動車を運転した。また、Sは、平成14年12月、千葉市内において、自動車登録番号標に赤外線を吸収するための物を取り付けて、普通乗用自動車を運転した。
　Sは、道交法違反で起訴された。1審は、Sを道交法違反で有罪とした。Sは控訴し、道交法71条6号において規定する「道路又は交通の状況」という限定は客観的なものである必要がある、しかるに東京都道路交通規則や千葉県道路交通法施行細則は「道路又は交通の状況」を一切問うことなく、ナンバープレートに赤外線を吸収し又は反射するための物を装着して車両を運転する行為自体を禁止しており、道交法の委任範囲を逸脱する規定である、などと主張した。

判決要旨　控訴棄却

　道交法71条は、車両等の運転者の一般的な遵守事項について定めているが、6号は、各都道府県公安委員会が地方の特殊性に応じて運転者の遵守事項を定めるため、公安委員会に対し、1号から5号の5までに掲げるもののほか、道路又は交通の状況により、公安委員会が道路における危険を防止し、その他交通の安全を図るため必要と認めるときは、車両等の運転者の遵守事項を定めることができる権限を委任したものである。
　東京都道路交通規則8条13号及び千葉県道路交通法施行細則9条9号は、赤外線による自動速度違反取締り装置（いわゆるオービス）による取締りを

逃れるため、ナンバープレートに赤外線を吸収し又は反射するための物を取り付けて高速走行をする者があるという交通の状況にかんがみ、ナンバープレートにそのような物を取り付けて自動車を運転する行為自体を取り締まることによって、オービスによる取締りの実効性を確保し、そのような者による危険な高速走行を防止することを目的として規定された。

|解|説|

　自動車の高速走行は重大事故を発生させる原因の一つとなっており、速度違反取締りの必要性は、高速道路、自動車専用道路や幹線道路に限られるわけではない。また、オービスには、定点に固定して実施されるいわゆる固定式装置のほか、取締りの必要に応じて設置場所を変更して行われるいわゆる移動式装置もある。取締りの実効性を確保するため、赤外線を吸収し又は反射するための装置を装着して自動車を運転する行為を規制することとしても、道交法の委任の範囲を逸脱するものではない。

　本判決は、このような観点を踏まえ、ナンバープレートに赤外線を吸収・反射するためのカバーを取り付けて走行する者があるという交通の状況にかんがみ、危険な高速走行を防止するため、ナンバープレートにそのような物を取り付ける行為自体を規制対象とすることは、適法である旨判示した。

　車両のナンバープレートについて、従来は法令上「番号を見やすいように表示しなければならない」とだけ定められていた。しかし、道路運送車両法が改正され、平成28年4月1日以降は、ナンバープレートをカバー等で被覆すること、シール等を貼り付けること、回転させて表示すること、折り返すこと等が明確に禁止されることとなっている。

◆◆ 根拠法条 ◆◆

遵守事項違反……道交法71条6号、120条1項9号

▶関連判例　大阪高裁平成12年12月14日判決（判夕1098号）
　　オービスによる写真撮影を困難にする偽造ナンバープレートを製造し、販売した行為について、道路運送車両法違反とした事例

オービス速度測定の正確性
神戸地裁平成17年7月15日判決

適用罪名：速度違反
参考文献：裁判所web

|ポイント| 他車両との誤認可能性

|事案概要|

　Mは、本件当日午前5時53分頃、公安委員会が道路標識により最高速度を60キロメートル毎時と指定した県道において、最高速度を50キロメートル超える時速110キロメートルで、普通貨物自動車を運転して進行した。Mの違反行為は、現場付近に設置されたオービスによって、速度測定と写真撮影がなされた。Mは、道交法違反（速度違反）で起訴された。

　公判において、Mは、時速80～90キロメートルで中央寄り車線（第2車線）を走行していたところ、後続車両が第1車線に出て時速140～150キロメートルで追い越して、M車の約10メートルほど前に入った時にオービスのフラッシュが光ったので、その車が撮影されたものと思った、オービスのフラッシュが光った時に速度計を見ると93キロメートルを示していた、などと主張した。弁護人も、オービスの速度測定や写真撮影が必ずしも正確とは限らないとして、Mは時速約93～83キロメートルで走行した、と主張した。

|判決要旨| 有罪（罰金8万円）

　Mの供述によれば、時速80～90キロメートルで走行中に、後ろから来た車両に追い抜かれて、M車の約10メートル先に入った、というのである。その状況は、後続車両からすれば、M車を追い抜いた直後に、第1車線から走行中のM車の直前に切り込むような形で第2車線に入ったということになるが、それは相当危険な状況と言わなければならず、一般的にみて、そのような危険なことまでして走行中の車両の直前に入るとは、にわかに考え難い。

しかも、Mは、そのような危険な追越しをされたというのに、アクセルから足を離したという記憶はないというのであり、その供述状況からみても特に危険を感じたような様子もうかがわれない。通常の運転者であれば、危険な割込みをされたという印象が残るはずであると思われるのに、Mの公判供述には迫真性や臨場感はなく、その信用性は乏しい。

解説

　本件は、オービスによる速度違反の取締りに関して、その速度測定や写真撮影の正確性が争われた事案である。本判決では、オービスによる速度測定や写真撮影の方法等を詳細に検討し、違反者による主張には理由がないと判断し、有罪判決を下した。
　本件オービスは、レーダと撮影装置が一体となっており、道路上に門のような構造物を作って、その上に設置されている。1車線に1台ずつ設置され、本件現場は2車線であったので、2台設置されていた。
　また、違反者の使用車両は、約15年間使用された走行距離約20万キロメートルの老朽車で、当時約2トンの重量物を積載していた。違反者は、老朽車のため時速110キロメートルもの速度を出すことはできないなどと主張した。
　しかし、シャシーダイナモによる走行実験の報告書によれば、当該車両に約1.5トンの廃材を積載して走行速度の実験をした結果でも、時速約120キロメートルの速度表示がされたことが認められた。このため、本判決においても、本件車両が老朽車であって重量物を積載していたとしても、時速110キロメートルで走行することが不可能であるとはいえない、と判示している。

◆◆ 根拠法条 ◆◆
　速度違反……道交法4条1項、22条1項、118条1項1号、施行令1条の2第1項

関連判例　東京高裁平成5年9月24日判決（判時1500号）
　　速度違反自動監視装置による写真撮影は、大幅な速度超過の場合に限ってその違反行為に対する処罰のための証拠保全として行われるのであれば、事前に予告板等で告知しておく必要はないとした事例

10 オービスの計測誤差
神戸地裁平成19年8月29日判決

適用罪名：速度違反
参考文献：裁判所 web

ポイント 機器の計測誤差と測定数値

事案概要

　Jは、本件当日午後11時14分頃、道路標識により最高速度を80キロメートル毎時と指定された自動車専用道路において、その最高速度を84キロメートル超える時速164キロメートルで、普通乗用自動車を運転して進行した。Jの速度違反行為は、速度違反自動監視装置（本件装置）により記録され、写真撮影された。

　Jは、道交法違反（速度違反）で起訴された。公判において、弁護人は、公訴事実に「164キロメートル毎時の速度」と記載されている点について、本件装置に計測誤差がプラスマイナス2.5パーセントあり、そのプラス誤差が出ないように、最初から計測値を本件装置の本来の数値から2.5パーセント下げた記載をしているが、これは誤った速度の表示であり、誤った速度表示による起訴は公訴権乱用に当たるなどと主張した。

判決要旨 有罪（罰金10万円）

　関係証拠によれば、弁護人のいうように、本件装置には計測誤差がプラスマイナス2.5パーセントあり、表示される測定値にプラス誤差が出ないように最初から計算値を本件装置の本来の数値から2.5パーセント下げており、更に小数点以下は切り捨てた速度が表示されるようになっている。
　そのような措置を講じているのは、実際の走行速度よりもプラスの速度誤差がいかなる場合にも出ないようにするためであり、速度違反車両が、速度測定区間内において、斜め走行、急加速、急減速等の特殊な走行をした際の本件装置のプラス誤差を考慮に入れて、本件装置が測定時に表示する速度が

最低でも出ていたことを示すようにしているものと認められる。
　本件装置のプラス誤差を考慮に入れて表示された速度を起訴状の公訴事実に記載するのは、Ｊの利益のために当然のことというべきであり、最低でもその速度で走行していたということを示しているものであって、何の誤りもない。

解説

　本件は、制限速度が80キロメートル毎時に規制された自動車専用道路において、制限速度の2倍以上の高速度で走行した速度違反事犯であり、設置されていたオービスによって違反事実が確認され、写真撮影された。本件の速度違反自動監視装置（オービス）は適正に設置され、定期点検を経て適正に作動しており、誤作動や誤計測の可能性はなかったものと認められた。

　弁護人は、本件オービスについて表示される測定値が、本来データからすると最初から一定割合下げた数値となっていたことを問題とし、これは誤った数値であるなどと主張した。

　これに対し、本判決では、そのような措置を講じているのは、実際の走行速度よりもプラスの速度誤差がいかなる場合にも出ないようにするためで、測定時に表示する速度が最低でも出ていたことを示すようにしているものと判断し、違反者にとっても有利となるものであり、何の誤りもないと判示している。

◆◆ 根拠法条 ◆◆

速度違反……道交法4条1項、22条1項、118条1項1号、施行令1条の2第1項

▶関連判例　最高裁平成5年10月29日決定（判夕833号）

　高速道路を規制速度を超過したまま進行し続けたため、2地点のオービスにより写真撮影されたが、両地点が約20キロ離れており、道路状況等も変化しているので、それぞれの速度違反行為は犯罪を構成し、併合罪の関係となると判断された事例

酒気帯び運転の認定

福岡高裁宮崎支部平成15年7月17日判決

適用罪名：酒気帯び運転、赤信号無視
参考文献：裁判所web

ポイント 酒気帯び鑑識カードの有効性

事案概要

　Kは、スナックで飲酒するために、繁華街まで自家用車を運転して赴いた。飲酒してから約4時間後、酒気がいまだ抜け切らない状態であることを十分自覚しながら、Kは車の運転を開始した。その後、警察官に呼び止められると、Kは逃走し、信号を無視して高速度で走行し、運転を誤って橋の欄干に自車を衝突させて、ようやく停止した。

　Kは、道交法違反（酒気帯び運転及び赤信号無視）で起訴された。1審は、Kが呼気1リットルにつき0.25ミリグラム以上のアルコールを身体に保有していたと認定するに足りる証拠がないとして、Kを無罪とした。検察官が控訴した。

判決要旨 原判決破棄・有罪（懲役2月）

　Kは、本件当日午前5時過ぎに目を覚まし、アルコールが身体に残っているのを自覚したが、この時間帯であれば警察官に発見されないものと思い、宿舎に向かって運転を開始した。その直後、パトカーで警ら中の警察官から停止を命じられ、飲酒運転が発覚するのを免れようとし、車を急発進させて逃走した。パトカーに追跡されると高速度で走行し、交差点の赤信号の表示を無視するなどして1キロメートル以上逃走を続けた末に、ハンドル操作を誤り、橋の欄干に衝突させる自損事故を起こして停止するに至った。

　Kは、本件当日午前7時50分頃、呼気検査を受けた。警察官は、検知管の薬剤が変色した部分にマークシールの測定線を合わせて貼った上で、これをKに見せて確認させ、酒気帯び鑑識カードにその測定濃度を呼気1リットル

当たり0.25ミリグラム以上である旨記入した。その検知管には、0.25と0.3の間にマークシールの測定線（赤線）が入っている。

　Kは、その後の取調べにおいても検知管を見せられ、測定線を再度確認し、その事実を了解している。検出された数値は、飲酒後6時間以上、運転行為後2時間以上経過した時点のものであり、Kはその間に飲酒をしていない。

　これらによると、Kが、本件運転当時、呼気1リットル当たり0.25ミリグラム以上のアルコールを身体に保有していたことは明らかである。

解説

　道交法における呼気検査は、車両の運転者が酒気帯び運転をするおそれがあると認められるとき、警察官がアルコールの程度を調査するため対象者の呼気を検査する、道路における危険防止を目的とする手続である（道交法67条3項）。呼気検査により一定以上のアルコール濃度が検出された場合は、運転行為の中止が求められ、酒気帯び運転として刑事責任が追及される。

　本件呼気検査で使用された器具は、北川式飲酒検知管ＳＤ型である。1審は、酒気帯び鑑識カードを証拠採用したが、検知剤の変色状況、検知管の保管状況、測定数値に関する警察官の記憶等に問題があるとして、無罪と判断した。

　これに対し、本判決では、上記の事情は酒気帯び鑑識カード等に基づく酒気帯び運転の認定を何ら左右するものではないと判示している。

　違反者の飲酒状況等をみると、午後10時半から約1時間、スナック等でビール中びん（500ミリリットル入り）2本と酎ハイ2杯を飲酒し、スナックを出た時点で足元がふらついていたため、車内で仮眠をとっていた。

◆◆ 根拠法条 ◆◆

酒気帯び運転……道交法65条1項、117条の2の2第1号
赤色信号無視……道交法7条、119条1項1号の2

▶関連判例　仙台高裁昭和62年11月12日判決（判夕684号）
　　対象者が口から血を流していたため、うがいをさせることなく検知管による飲酒検知の調査を実施した手続に関して、適正手続を欠くものではないとした事例

証拠血液の領置方法

大阪高裁平成15年9月12日判決

適用罪名：酒気帯び運転、業務上過失致傷
参考文献：裁判所 web

ポイント 保管者からの血液の任意提供

事案概要

　Lは、車両を運転して交通事故を起こし相手方を負傷させたが、自らも負傷して病院に搬送された。病院の医師は、治療目的で注射器を使用してLの血液約20ミリリットルを採取した。

　そのころ、警察官が病院に赴き、看護師からLにはかなりの酒臭があると聞いて、酒気帯び運転の嫌疑を抱いた。警察官は、医師に対して採取したLの血液があれば任意提出してほしいと求めた。医師はこれに応じて、採取血液の一部を任意提出した。警察官はこれを領置し、科学捜査研究所で鑑定を行った。その結果、Lの血液1ミリリットル中に1.93ミリグラムのアルコールが検出された。

　Lは、業務上過失致傷及び道交法違反で起訴された。1審は、Lを有罪とした。Lは控訴し、Lの血液鑑定結果は捜索差押許可状の発付を受けることなく押収された血液によりなされたもので、違法収集証拠であるなどと主張した。

判決要旨 控訴棄却

　捜査機関が強制処分をする場合には、原則として司法機関に令状の発付を求め、その事前審査に服する必要があるが、刑訴法はこれにいくつかの例外を認めている。

　刑訴法221条の任意提出された物件の領置も、その一つである。同条後段によれば、捜査機関は所有者、所持者又は保管者が任意に提出した物を領置することができるのであって、その物に対して所有権等の権利を有する者が提出した物だけではなく、その物を占有するにすぎない者が提出した物も令

状なく押収することができる。
　本件においても、Ｌの血液を保管する医師がこれを任意に提出したのであるから、警察官のした領置は適法である。

解説

　本件は、酒気帯び運転による業務上過失致傷の事案である。本件では、酒気帯び運転の証拠とされた運転者の血液について、警察官が医師から提出を受けたものであったため、それが適法な手続により行われたものかどうかが争われた。
　弁護人は、採取された血液はプライバシー情報を含むものであるから、医療機関は治療目的以外に使用してはならず、不要になった場合には廃棄しなければならない義務があると主張した。本判決では、この点については弁護人の主張を肯定し、医療機関は診療契約に付随する義務として、採取した血液を正当な理由なく治療目的以外に使用してはならないと判断した。
　このため、本判決では、警察官の求めに応じて血液を任意提出した医師の措置は診療契約上の義務に反した行為であると解した。ただし、そのような私法上の義務違反が直ちに刑事訴訟法上の違法に結び付くものとはいえないとして、所持者又は保管者が任意に提出した物については、これらの者が任意提出する私法上の権限を有しているか否かを問わず、原則として捜査機関はこれを適法に領置することができると判示した。
　その理由としては、権利者の直接の占有を離れ、それ以外の者が直接占有している物を任意に提出する場合には、これを権利者の意向にかかわらず押収しても、その権利を侵害する程度は類型的に低いため、司法機関による審査を経る必要がないと解されるためである。

◆●◆ 根拠法条 ◆●◆

　酒気帯び運転……道交法65条1項、117条の2の2第1号
　業務上過失致傷……刑法211条（当時）

関連判例　高松高裁昭和61年6月18日判決（判時1214号）
　飲酒運転の上死亡事故を引き起こし負傷した運転者から、病院において警察官の求めに応じて同意なく採血が行われ警察官に任意提出された手続について、違法性は低いとして当該血液の鑑定書の証拠能力を肯定した事例

13 酒気帯び運転の証明
広島高裁松江支部平成16年1月26日判決

適用罪名：酒気帯び運転
参考文献：裁判所web

|ポイント| 酒気帯び鑑識カードと自由心証主義

|事案概要|

　警察官乙は、警察署で当直勤務中、交通事故（物件事故）が発生したとの通報を受け、一人でパトカーを運転して事故現場に赴き、事故処理後、帰庁する前に市内をパトロールしていた。乙は、Y運転の車両が交差点において信号待ちのため停止した後、対面信号が青色に変わってもすぐに発進せず、4、5秒経過してから発進したため、飲酒運転の疑いがあると考えた。乙はY車両を追尾し、パトカーの赤色灯を点灯させてマイクで停止を呼び掛けたが、Y車両は停車せず、駐車場に入って停車した。

　乙は、パトカーから降車してY車両の運転席側に赴き、運転席にいたYに声を掛けて免許証の提示を求めたところ、Yから酒臭がしたため、飲酒量を検知するため警察署まで同行を求めた。警察署において、Yに対してアルコール検知管による酒気帯び検査をしたところ、呼気1リットルにつき0.35ミリグラムのアルコールが検知された。

　乙は、Yに対して酒気帯び鑑識カードへの署名押印及びアルコール検知管を入れた封筒に署名に加えて押印を求めたところ、Yはこれを拒絶した。また、Yから事情聴取した供述調書についても、署名押印を拒絶した。

　Yは、道交法違反（酒気帯び運転）で起訴された。1審公判において、警察官乙は、Yが普通貨物自動車（軽四）を運転していた事実を証言した。

　しかし、1審判決では、公判供述により公訴事実を認定するためには、裁判官が信用できると考えるだけでは不十分であり、客観的証拠により裏付けられることが求められるが、その客観的証拠がないとして、Yを無罪とした。検察官が控訴した。

|判決要旨| 原判決破棄・有罪（懲役3月・執行猶予2年）

> 乙供述はそれ自体何ら不自然、不合理な点はなく、本件を他の事件における捜査体験と混同しているような様子もない上、本件に至るまで面識のなかったYを陥れなければならない事情は全くうかがえないのであって、乙供述の信用性を否定しなければならない事情は見出せない。これについて原判決が種々指摘する点は、その当否はさておいたとしても、乙供述の信用性を否定しなければならない事情とはいえない。
> 乙供述は信用することができ、これと酒気帯び鑑識カード等の証拠により本件公訴事実はこれを認定することができる。

|解説|

　本件は、犯人が、酒気を帯び、呼気1リットルにつき0.25ミリグラム以上のアルコールを身体に保有する状態で普通貨物自動車（軽四）を運転した、という道交法違反（酒気帯び運転）の事案である。

　原判決では、供述証拠により公訴事実を認定する場合には、同供述に客観的な裏付けが必要であるとし、それが見当たらないため、無罪と判断した。

　これに対し、本判決では、供述証拠の信用性については慎重に検討する必要がある旨をいうとすれば相当であるが、裁判官がその供述証拠に信用性が認められるとの心証を抱いたとしても、更にそれを裏付ける客観的証拠がなければ公訴事実を認定することができない旨を述べるものであるとすれば、自由心証主義に制約を加えるものであって採用し得ないと判断し、1審判決を破棄し、有罪としている。

◆◆ 根拠法条 ◆◆

　酒気帯び運転……道交法65条1項、117条の2の2第1号

|関連判例| 東京高裁平成6年8月9日判決（判タ987号）

　対象者の逃走防止のため手錠をかけたまま飲酒検査を実施したが、その飲酒検査が違法ではないと判断された事例

14 無免許酒気帯び運転での信号無視
大阪地裁平成18年9月12日判決

適用罪名：無免許運転、酒気帯び運転、信号無視
参考文献：裁判所web

|ポイント| 交通法規軽視による違反行為

|事案概要|

　Fは、運転免許を失効させてしまい、自宅で酒を飲んだ後、妻とけんかして更に酒を飲むため、自動車に乗って家を飛び出し、途中飲酒を重ねた。
　Fは、本件現場道路において、①公安委員会の運転免許を受けないで、酒気を帯び呼気1リットルにつき約0.65ミリグラムのアルコールを身体に保有する状態で、普通乗用自動車を運転した。また、②信号機の表示する赤色信号に従わないで、普通乗用自動車を運転した。
　Fは、道交法違反（無免許・酒気帯び運転、信号無視）で起訴された。

|判決要旨| 有罪（懲役1年・執行猶予5年）

　Fは、平成15年6月と平成17年5月に、本件と同じ酒気帯び運転罪によりそれぞれ罰金20万円と30万円に処せられていながら、その後わずか1年にして、性懲りもなくまたも本件犯行に及んだ。
　各犯行に至る経緯・動機にも全く酌量の余地がない上、無免許・酒気帯びの犯行は、日頃同種行為を繰り返した末にいわば常習として犯したものであって、非常に悪質である。酒気帯び運転におけるアルコール保有量もかなりの量に達しており、その意味でも極めて危険な犯行であった。現に、現行犯人逮捕手続書によれば、Fは犯行直前に蛇行運転をしていたことが認められる。

解説

　本件の犯罪事実は、①無免許・酒気帯び運転と②赤信号無視という2件である。検察官は、①について懲役8月、②について罰金9千円を求刑していた。
　当時の道交法の罰則をみると、
- 　無免許運転の罪〜1年以下の懲役又は30万円以下の罰金
- 　酒気帯び運転の罪〜1年以下の懲役又は30万円以下の罰金
- 　赤信号無視の罪〜3月以下の懲役又は5万円以下の罰金

となっていた。
　本判決では、法令適用に関して、①の無免許・酒気帯び運転については1個の行為が2個の罪名に触れる場合であるから、観念的競合（刑法54条1項）の関係にあるとして、犯情の重い酒気帯び運転の罪で処断を行う、とした。さらに、①の罪と②の罪は、それぞれ法定刑の中からいずれも懲役刑を選択する、①の罪と②の罪の関係は併合罪（刑法45条）の関係となるから、刑の重い①の罪の刑に法定の加重を行う、とした。
　本判決では、以上により導き出された刑期の範囲内において刑の判断を行い、量刑判断として直ちに実刑に処することは「いささかのためらい」もあるので、執行猶予の付いた懲役1年の刑に処している。
　なお、従来、重大な交通事故を引き起こす無免許運転、酒酔い運転、速度超過の3類型の交通違反を「交通三悪」と称して、重点的な取締りが行われてきた。その後、交通事故に大きな影響を及ぼす違法駐車、過積載、座席ベルト非着用の交通違反を「新交通三悪」と称して、取締りが行われた。

◆◇◆　根拠法条　◆◇◆
　無免許運転……道交法64条、117条の4
　酒気帯び運転……道交法65条1項、117条の2の2第1号
　信号無視……道交法7条、119条1項

15 飲酒運転同乗への黙示の依頼
長野地裁平成24年7月5日判決

適用罪名：飲酒運転同乗
参考文献：LEX／DB 25482172

[ポイント] 飲酒運転同乗罪の成立要件

[事案概要]

　Aは、交際女性Bをアルバイト先の居酒屋に本件車両で送迎するようになった。本件当日までの間、5回程度、Aは遊び友達Mを誘って車両で居酒屋へ行き、一緒に飲酒しながらBの仕事が終わるのを待ち、帰りは3人で本件車両に乗り、帰ることがあった。Mを含め誰もが、飲酒運転に異を唱えたことはなかった。

　Mは、本件前夜もAに誘われて本件車両で午後9時頃居酒屋に行ったが、帰りについては車両で送ってもらうつもりであった。MとAは、翌日午前0時頃一緒に居酒屋を出て、Aが運転席に、Mが助手席に乗り込んだ。Mは、Aに対し「大丈夫か」と尋ねると、Aは「おう」と応じた。Aは、車両を発車させてMの自宅方向へ向かった。Aは本件車両を運転中に歩行者2名を死傷させる事故を惹起し、Mの同乗が発覚した。

　Mは、道交法違反（飲酒運転同乗罪）で起訴された。公判において、弁護人は、同乗の要求や依頼は一切なく、同乗罪は成立しないなどと主張した。

[判決要旨] 有罪（懲役1年10月・執行猶予4年）

　Aは、Mを自宅付近まで送り届けるために運転を行い、Mも自己を送ってもらうために同乗していたのであるから、Aの運転行為を帰宅の足として利用した。AとMのこうした意思は、以前から、Mが居酒屋で飲酒した後、A又はBの運転する本件車両で自宅付近に送り届けてもらうことを繰り返していたという経緯の中、その一環として行われたことであるから、殊更口に出さずともMとAの間では相互の了解事項であった。

> Mは「運転して送ってほしい」という積極的な意図を有し、そのMの意図はAも了解しており、Mが乗り込むことによって明確にされ、Aの飲酒運転が「助長」され、飲酒運転が行われたことでMは「運転行為による便宜の享受」をし、さらに本件運転行為が行われたことにより「交通の危険性が増大」されている。立法趣旨からすると、明示的な依頼文言がなかっただけで、「黙示の依頼」があったと認定すべきである。

解説

　飲酒運転同乗罪は、同乗者が「当該運転者に対して、当該車両を運転して自己を運送することを要求し、又は依頼」することを構成要件要素として定めている。

　飲酒運転同乗罪は、飲酒運転の幇助犯という性質を有する。その立法趣旨としては、①運転者の飲酒運転の意思を強固にして飲酒運転を助長する、②飲酒運転により運送される便宜を自ら享受しようとしている、③回り道等により、飲酒運転による交通の危険性が増大することなどを踏まえ、飲酒運転を助長する行為の中でも特に悪質なものとして重く罰することにある。このため、単に同乗するだけでなく、「要求又は依頼」をして同乗した者を処罰対象としている。

　本件では、同乗者から運転者に対して明示的な要求や依頼がなされていなかったため、飲酒運転同乗罪が成立するか問題となった。本判決では、それまでの経緯も踏まえ、同乗者に「運転してほしい」という積極的な意図があり、それを運転者も了解し、車両に乗り込むことにより明確化されたなどとして「黙示の依頼」による飲酒運転同乗罪の成立を認めた。

◆◆ 根拠法条 ◆◆

飲酒運転同乗……道交法65条4項、117条の3の2第2号

関連判例　東京地裁平成20年7月16日判決（判時2015号）

　一緒に飲酒していた者に対し、自動車を貸与して提供し、自己の運送を依頼して同乗したという、飲酒運転に対する車両等提供罪と同乗罪について、初めて公判請求され、有罪とされた事例（なお、飲酒運転の結果、車両を暴走させて同乗者3名を死亡させる等の重大事故を引き起こした）

16 呼気検査への非協力
東京高裁平成25年5月8日判決

適用罪名：呼気検査拒否
参考文献：WJ

ポイント　呼気検査を拒否する意思の判断

事案概要

　本件当日午前4時45分頃、警察官甲は、車両停止後にエンジンをかけたまま降車したQと、1メートルもない距離で対応した。甲は、Qに酒臭がし、目も充血し、顔も赤いことから酒気帯び運転の疑いがあると判断し、呼気検査に応じるよう求めた。

　Qは「お前らにそんな権限はない。弁護士を呼ぶ。」などと言って、携帯電話を耳に当てて、自車付近からパトカー付近を動き回った。Qは携帯電話や水を取りに戻った際には運転席のドアを開けて乗り込む素振りをみせたが、甲は発車されないように身体を内側に入れて、ドアを閉められないようにした。

　甲は、呼気検査をする前にうがいをさせる紙コップや風船などは持っていたが、測定器がなかったため、応援要請を行った。午前5時頃、要請に応じて測定器を持った警察官が交通検問車で現場に到着した。甲は、呼気検査に応じる様子を見せないQに対し、1回目の警告として「あと5分で吹いてもらわなければ、もう逮捕するしかないんで。」と伝えた。Qは呼気検査に応じる様子はなく、その後甲が2回目の警告をした。

　Qが何も言わずに車両の方へ歩き出したことから、甲は、Qが車両を運転して帰るのかと思い、午前5時7分、呼気検査拒否罪で逮捕する旨を告げて、Qを逮捕した。

　Qは、道交法違反（呼気検査拒否罪）で起訴された。1審は、Qは呼気検査拒否を明言していないが、警察官が呼気検査に応じるよう説得する間における非協力的、反抗的な言動等、当時の状況を総合的に判断すれば、呼気検査拒否に当たるとして、Qを有罪とした。Qが控訴した。

判決要旨　控訴棄却

　Qは、停止直後から甲から説得を受けながら、呼気検査に応じる様子を見せなかったため、甲において、測定器が現場に到着した午前5時頃、時間を限って逮捕を警告することとし、5分間待つ旨の警告を発したものの、Qはこの警告を受けてもなお呼気検査に応じる様子を見せなかった。5分間が経過した段階で、既にQの呼気検査拒否の意思は客観的に見て相当程度明らかになっていた。

　さらに甲が1分間待つ旨の警告を発した後、理由を告げることもなくQが車両の方へ歩き出したことから、Qが車両を運転して帰るのかと思い、逮捕行為に着手した。5分間待つ旨の警告にもかかわらず呼気検査に応じる様子を示さなかったQにおいて、その後の1分間待つ旨の警告に対し、このような振る舞いをしたのであるから、Qの呼気検査拒否の意思は、遅くともその段階で十分客観的に明らかになった。

解説

　呼気検査拒否罪が成立するためには、道交法の規定する状況下で、酒気帯び運転をするおそれがあると認められる者が、呼気を風船に吹き込ませるという呼気検査に対して、拒否の態度を明確に言動で示せば足り、その段階で成立する。

　ただし、明示的な言動がない場合には、呼気検査に応じるように説得等をしている警察官に対する当事者の言動を、ある程度の時間帯で総体的に見て呼気検査拒否に当たると判断された段階で、呼気検査拒否罪が成立する。

◆◇ 根拠法条 ◆◇

呼気検査拒否……道交法67条3項、118条の2

▶関連判例　最高裁平成9年1月30日判決（判タ931号）

　呼気検査は、呼気採取によりアルコール保有程度を調査するもので、供述を得ようとするものではないから、呼気検査拒否者を処罰する規定は合憲である（供述拒否権の侵害ではない）とした事例

集団暴走妨害に対する仕返し
横浜地裁小田原支部平成14年7月12日判決

適用罪名：殺人、無免許運転
参考文献：裁判所web

ポイント 暴走族潰しに対する反撃行為

事案概要

暴走族総長Gは、当該暴走族の初代総長から暴走行為に参加するよう誘われ、金属バット1本を積んで、自らの自動二輪車を運転して自宅を出発した。本件当日午後10時過ぎから、Gら12人は自動二輪車7台で暴走行為を開始した。

その頃、丙（当時24歳）が自動車で通り掛かり、降車して、Gら暴走族集団の先頭車両に向けて足蹴りした。Gは、丙が暴走族に対して「潰し」を仕掛けてきたと思った。Gは、潰しを仕掛けられたらやり返すという考えのもと、総長という立場上、自らが率先して立ち向かわなければならないと考えた。Gは、金属バットで丙の後頭部を殴打するなどした。その結果、丙は外傷性くも膜下出血により死亡した。

Gは、殺人及び道交法違反（無免許運転）で起訴された。

判決要旨 有罪（懲役5年以上8年以下）

殺人の事案についてみると、Gは、丙が自分たちに潰しを仕掛けてきたと感じて、暴走族の総長という立場上、自分が潰しを仕掛けてきた相手に立ち向かわなければならない、先輩であるIを助けなければならない、などという思いから、金属バットで丙に攻撃を加えた。このような暴走族特有の論理や虚栄心に基づく犯行の動機には、酌量すべき余地は全くない。丙は、Gらの集団暴走を止めようとして自動二輪車に足蹴りをするなど不用意な面はあったが、金属バットで殴り殺されるまでの落ち度はない。

道交法違反の事案についても、Gは、無免許であるにもかかわらず、夜間

> に長時間にわたる暴走集会に参加し、その途中で行われた計画的な犯行であり、周辺の道路交通秩序に与えた影響も大きく、悪質というほかない。

解説

　本件は、暴走族総長であった犯人が、他の構成員とともに集団暴走を行って無免許で自動二輪車を運転した上、暴走する集団に足蹴りをしてきた被害者に対し、暴走参加者と共謀の上、未必の殺意をもって金属バットで頭部を殴打するなどの暴行を加えて死亡させたという殺人及び道交法違反の事案である。

　本件犯人は、中学校卒業後に暴走族に加入し、無免許で暴走行為を繰り返していたが、中等少年院送致の処分を受けて、一旦は暴走族から離脱した。その後、再び暴走族に加入し、週に数回行われる暴走行為に参加し、先輩らによって暴走族の総長に指名され、構成員を統率する立場となった。

　犯行の態様をみると、金属バットを用いて2回にわたって被害者の頭部を殴打するという危険で残忍な暴行を加えていた。被害者は、犯行現場で救護措置を受けるいとまもなく、死亡した。本件は、付近住民や社会一般に対して、大きな恐怖感や不安感を与えており、社会的影響も重大なものがあった。

◆◆ **根拠法条** ◆◆

　殺人……刑法199条、少年法52条1項
　無免許運転……道交法64条、117条の4

▶**関連判例**　最高裁平成19年9月18日判決（判時1987号）

　　公共広場等において、市長の許可を得ないで、「特攻服」のような特異な服装をし、円陣を組み、旗を立てる等の公衆に不安を覚えさせるような集会等を行うことを規制する暴走族追放条例について、憲法違反とならないと判断した事例

18 暴走行為者逮捕に伴う実力行使

徳島地裁平成15年3月26日判決

関係違反：赤信号無視、共同危険行為禁止違反
参考文献：裁判所 web

ポイント 正当業務行為としての逮捕行為

事案概要

　Z（当時17歳）は、仲間8人とともに、二人乗り又は三人乗りの定員外乗車の状態で4台の原付自転車に分乗して、暴走行為をしていた。パトカーが追跡し始めてからも、5回の赤信号無視、共同危険行為等の走行を繰り返し、暴走行為中止の警告を無視して、パトカー追跡を振り切る機会をうかがっていた。

　警察官らはパトカーで挟み撃ちにして現行犯逮捕する連絡を受け、1台のパトカーが先回りした。警察官Pは、車道をパトカーで塞がれたZらが歩道に乗り上げて逃走することを阻止するため、ライトを左手に特殊警棒を右手につかんでパトカーから出て、「止まれ、止まれ」と大声で言いながら、特殊警棒を上下に振って停止させようとした。

　Zは、パトカーに追跡されながら原付自転車を運転していた。前方に停止しているパトカーを認めたが、そのまま突破しようとし、Pの制止を振り切って車両を進めた。その後、Zは痛みを感じたので右手小指を見たら、先端が剥離しかけていた。Zは病院で縫合手術を受けたが、爪の変形などの後遺障害が残った。

　Zは、暴走行為の取締りをしていた警察官によって暴行を加えられて傷害を負ったと主張して、国賠法に基づき165万円の損害賠償を請求した。

判決要旨 請求棄却

　Zは、信号無視や共同危険行為等の禁止に違反する行為を繰り返し、追跡していたパトカーから停止を命じられたが、これを無視して暴走行為を続け、追い詰められると、進路前方に停止させようとして立っている警察官Pを認

めたにもかかわらず、これを突破しようとして本件車両を進めたために、Ｐが本件車両を停止させて現行犯逮捕しようとして振った特殊警棒により、右指の傷害を受けたことが認められる。
　Ｚは、疾走する本件車両を、前方にいるＰの方向に向かって進行させるという危険な方法で逃走しようとしていた。Ｐが、Ｚを現行犯逮捕する目的のために、本件車両を停止させようとして特殊警棒を使用することは、危険な暴走行為を行う者を逮捕するために、社会通念上必要かつ相当な限度内の行為であり、現行犯逮捕に伴う適法な実力行使と認められる。
　Ｐの行為は正当な業務行為というべきであり、Ｚに傷害を与えたとしても、違法性は阻却される。

解説

　暴走行為を行う者を現行犯逮捕するためには、疾走する車両を停止させた後に、逮捕行為に着手する必要がある。警察官は、単に人を逮捕する場合以上に、犯人の生命、身体に対して危険を及ぼさないように配慮しつつ、自らに対する危険を回避する方法をとらなければならない。
　逮捕の具体的方法は状況によって異なるが、一般的には、警察官は、車両前方に立ち塞がって、停止灯を用いるなどして停止を命じることが考えられる。しかし、逮捕行為に危険が伴う状況にある場合には、必要に応じて警棒を使用して停止を求めることも、危険な暴走行為を行う者を逮捕するという事案の性質に鑑みると、相当な方法として認められる。
　特殊警棒は、打撃により致命傷を与えないことを仕様の基準として製作されたアルミ合金製の特殊警戒用具である。本件では、制止を振り切って逃走しようとした犯人らを阻止しようとしたもので、特殊警棒を用法上の武器として使用したものではない。

◆◆ 根拠法条 ◆◆

　赤信号無視……道交法7条、119条1項
　共同危険行為禁止違反……道交法68条、117条の3

19 集団暴走加担の違法性

水戸家裁平成27年10月13日決定

> 関係違反：共同危険行為禁止違反
> 参考文献：判タ1423号

ポイント　交通法規等に対する規範意識の欠如

事案概要

　N（当時16歳）は、7人の少年と共謀の上、本件当日午前1時20分頃から5分間にわたって、約2.5キロメートルの間の道路において、自ら普通自動二輪車を運転し、後部座席に1人の少年を乗せ、他の自動二輪車3台及び原付自転車1台と共に車両を連ね又は並進させ、道路いっぱいに広がり蛇行運転や信号無視等を繰り返しながら、時速約30〜40キロメートルの速度で進行した。そのため、共同して著しく道路における交通の危険を生じさせ、著しく他人に迷惑を及ぼすこととなる行為をした。

　Nは、道交法違反（共同危険行為等の禁止）で家裁の保護手続に付された。

決定要旨　第一種少年院送致（抗告の後に抗告棄却）

　Nは、本件当日、共犯少年から集団暴走に誘われ、仕事上のストレスを発散したいなどと思い参加することを決めた。自動二輪車を自ら運転して集合場所に向かい、他の少年らと共に暴走を開始し、夜遅い時間帯に、追尾する警察官の面前で、騒音を立てながら道路幅いっぱいに広がって低速で走行し、蛇行運転や信号無視を繰り返すなどした。

　本件は、交通事故の危険性や、他の道路利用者及び近隣住民等が被る迷惑を顧みない身勝手で悪質な非行であり、Nは、集団暴走を主導する立場にはなかったが、安易な理由ですすんで加担したことの責任は、軽視できない。

|解説|

　本件は、少年が、共犯少年らと共謀し、総勢8人で自動二輪車4台及び原付自転車1台に分乗して暴走行為を行った事案である。

　本件少年は、中学校入学後、間もなく怠学して不良仲間と付き合うようになり、中学3年時に起こした教師に対する傷害事件及び知人少年に対する強要、傷害事件により、監護措置を経て、保護観察に付された。保護観察に付された少年は、表向きは保護観察による指導に従っていたが、実際には不良仲間との夜遊びを続けていた。その後、少年は自動二輪車の免許を取得し、暴走族仕様に改造した自動二輪車を運転するようになり、共犯少年らから集団暴走に誘われて、本件を敢行していた。

　本件少年の性格及び行動傾向については、鑑別結果等からすると、自己中心的で甘えが強く、年齢相応の規範意識が身に付いていないため、物事を自分に都合良く解釈して非行や逸脱行為に及びやすいこと、依存心が強い一方で、自信のなさを補うために虚勢を張りやすく、問題が生じたりストレスを感じた際に、周囲に相談するなどして適切に対処できず、逃避的な行動に出てしまうことなどが指摘されていた。

　このようなことから、本決定では、本件少年が資質面の問題を背景として、保護観察に付されたにもかかわらず、ストレス発散の手段を不良仲間との夜遊びに求め、仲間から誘われるままに安易に本件行為に及んだものと判断し、少年の再非行を防ぐために資質面の問題の改善矯正を図ることが必要不可欠であるとして、少年院送致決定を行った。

◆◆ 根拠法条 ◆◆

　共同危険行為禁止違反……道交法68条、117条の3

▶関連判例　札幌地裁平成10年11月6日判決（判時1659号）
　　集団暴走行為によって家裁で少年院送致決定の保護処分を受けた犯人が、その処分取り消しのため、友人らに働きかけて虚偽の撮影日時を設定したアリバイ証拠となるビデオテープをねつ造させ、保護処分取消決定を受けた事案について、犯人が証拠隠滅教唆で有罪とされた事例

20 通行帯違反と運転者の内心
東京高裁平成13年7月11日判決

関係違反：通行帯違反
参考文献：裁判所web

ポイント 内心の意図と違反事実

事案概要

　Xは、本件当日午前9時前頃、荷物配達のため自動二輪車を運転して本件道路を走行していた。Xは付近に何度か配達したことがあり、配達先には本件道路のO交差点手前で一方通行の路地に左折するのが好都合と考えていたが、左折すべき路地の位置については明確な認識を有していなかった。

　Xは、本件道路の第3通行帯又は第2通行帯を走行し、B地点の少なくとも50メートル以上手前で渋滞していた第2通行帯から第1通行帯（バス専用通行帯）に車線変更し、A警察官の立っていたB地点を通過し、最初の一方通行路を左折することなく、左折の合図（ウインカーの点滅）をすることもなく、第1通行帯を走行し続けた。

　Aは、C警察官に対して、X車について違反車両として連絡し、CはX車に停車を命じる合図を送った。Xは、これに気付き、渋滞していた第2通行帯を進行する車両の間にX車の前部を割り込ませて停止した後、本件告知場所に誘導された。Xは、左折のため第1通行帯を走行していたにすぎず、通行帯違反を犯していないと主張したがいれられず、免許証の提示及び通行帯違反の取締原票への署名・押印を求められ、これに署名・押印した。

　Xは、本件通行帯違反により交通反則告知を受け、これに付される基礎点数を累積点数とされて、公安委員会（Y）から運転免許取消処分を受けた。

　Xは通行帯違反の事実はないなどとして、Yを相手として運転免許取消処分の取消しを請求した。1審は、Xの請求を認め、運転免許取消処分取消しを認容した。Yが控訴した。

|判|決|要|旨| 原判決取消・Xの請求棄却

> 　Xが第2通行帯から第1通行帯に移動したのが、X主張付近であるか、その50メートル手前付近であるかを別にしても、最初の左折可能な道路を左折することなく、これを行き過ぎてなお第1通行帯を走行した以上、通行帯違反の事実は明らかである。Xの供述するとおり、第1通行帯の走行を継続した意図が左折すべき道路を探すためであったとしても、通行帯違反を犯す者の内心は問うところではなく、通行帯違反を犯した動機又は内心の故に、違反事実が否定できるものでもない。
> 　Xが通行帯違反を現認され、停止を求められるまで、左折の合図をすることもなく走行していたなどの事実経過を踏まえると、左折の意図の下に第1通行帯を走行したとの事実自体疑わしい。

|解|説|

　車両の交通方法が道交法に違反するか否かの判断は、その交通方法についての外形を標準として、客観的、定型的に判断されるべきであり、車両の運転者の内心は問題とするべきではないと考えられる。

　本判決では、バス専用通行帯の走行を継続した意図が左折すべき道路を探すためであったとしても、違反を犯す者の内心は問うところではなく、通行帯違反を犯した動機又は内心の故に、違反事実は否定されないと判示した。

　道交法では、指定通行帯以外の通行帯を通行できる事由の一つとして、「車両が左折するとき」（20条3項）を定めている。左折の方法としては、あらかじめその前からできる限り道路の左側端に寄り、それに沿って徐行し、左折地点の手前30メートルの地点から左折の合図をすることとされている。

◆■◆ 根拠法条 ◆■◆
通行帯違反……道交法20条、34条1項、53条1項、施行令21条

21 歩行者通行の妨害
京都地裁平成13年8月24日判決

関係違反：歩行者通行妨害
参考文献：裁判所 web

ポイント　横断歩道における歩行者優先

事案概要

　Sは、原付自転車を運転して公道を進行していた。午前9時過ぎ、Sは、本件交差点で右折を開始した。Sは、歩行者（60歳前後の男性）が横断歩道を横断しているのを確認したが、一時停止することなく、時速20キロメートル前後の速度で横断歩道を通過した（本件右折）。

　当時、本件交差点付近において、警察官らが交通取締りを実施していた。警察官らはSの本件右折を現認したため、S車両に停止を求めた。警察官らは、歩行者がいるときに横断歩道手前で停止せず歩行者前方を通過するのは交通違反となることを述べ、身分確認のため免許証の提示を求めた。Sは、自分は安全確認をしており違反はしていないから免許証を見せる必要はないなどと主張し、免許証の提示を頑強に拒み続けた。このような問答が、約25分間続けられた。

　Sは、午前9時30分頃、ハンドルに手をかけ、その場を離れようとするかのような素振りを見せた。そこで、警察官らは、現行犯人として逮捕する旨告知して、Sを現行犯逮捕した。警察官らは本件逮捕に伴う捜索及び差押えを行い、S車両、エンジンキー、運転免許証を差し押さえた。

　Sは、当日午後6時20分頃釈放されるとともに、本件右折の際の違反事実について反則告知を受けた。後日、検察官は、本件について起訴猶予とした。Sは、国賠法に基づき、50万円の慰謝料支払い等を求めて訴訟を提起した。

判決要旨　請求棄却

　Sが歩行者通行妨害罪の現行犯人に該当していたとしても、逮捕が人の自

由を拘束するという重大な苦痛を与えること、同違反の罪が比較的軽微なものであることからすれば、当該被疑者が逃亡したり、証拠を隠滅したりするおそれがないにもかかわらず、警察官があえて現行犯逮捕をしたような場合には、当該逮捕が違法となることもあり得る。逃亡や罪証隠滅のおそれは、その客観的可能性、その意図を推測させる事情の有無等を具体的に総合考慮して判断すべきである。

Sは、約25分間にわたって警察官らから免許証の提示を求められたのに、これに応じず、自らの住所や氏名を明らかにしないまま、ハンドルに手をかけ、その場を離れようとするかのような素振りを見せたのであり、Sの実際の意図がどうあれ、外形的にはSに逃亡の意図があったものと推測されてもやむを得ない状況であったことは確かであり、逃亡のおそれがあり、逮捕の必要性があった。

解説

本判決では、歩行者通行妨害の故意犯の成立を認めた。歩行者通行妨害罪の故意犯が成立するためには、横断歩道を通過する際の歩行者との位置関係についての認識があれば足り、積極的な害意までは要しないと判断している。本件において、違反者に歩行者に対して積極的な害意まであったことは認められないが、本件歩行者と車両との位置関係についての認識を有していたことは証拠により認められ、違反の故意があった、と認めている。

また、本件違反者は、公安委員会の道交法違反を理由とする累積点数加算措置の取消請求も行った。これに対し、本判決では、累積点数加算措置は公安委員会の内部処理制度であって、それ自体、国民の権利義務に何らの影響を与えるものではなく、行政処分には該当しないとして、請求を却下している。

◆◆ 根拠法条 ◆◆

歩行者通行妨害……道交法38条1項、119条1項2号

関連判例　東京高裁平成20年5月15日判決（判時2050号）

赤信号を無視した運転者が、警察官の事情聴取に際して運転免許証の提示を拒否し続けたため現行犯逮捕されたが、その逮捕手続が適法であるとされた事例

22 免許失効と無免許運転
神戸地裁平成14年1月9日判決

適用罪名：無免許運転
参考文献：裁判所web

ポイント 無免許運転の故意認定

事案概要

　Uは、平成11年6月に運転免許更新センターに赴いて、運転免許更新の申請を行った。しかし、それまでに犯した交通違反のため、公安委員会から既に運転免許取消しの行政処分を受けており、それが未執行になっていた。
　Uは、センターの係官から、運転免許取消処分の執行を受けるより、運転免許を期限切れで失効させる方が有利である旨の説明を受けた。そのため、Uは、運転免許更新の申請を撤回し、その有効期間の経過により運転免許を失効させた。
　Uは、運転免許失効後に普通乗用自動車の無免許運転を行い、2度にわたって罰金刑に処せられた。さらに、その後、Uは、運転免許を受けないで、2回にわたり普通乗用自動車を運転した。
　Uは、道交法違反（無免許運転）で起訴された。公判において、Uは、運転免許更新の申請をした際、優良運転者として運転免許証の有効期間が5年に延び、罰金を払うまで運転免許証を更新センターに預けていると思っていたなどと述べ、無免許運転の故意はないから運転免許証不携帯の罪が成立するにすぎない、などと主張した。

判決要旨 有罪（懲役6月・執行猶予4年）

　Uは、交通違反を重ねて運転免許取消の行政処分を受けていた（未執行）ことから、平成11年6月7日限りで運転免許証を失効させながら、自分勝手な理屈を振り回して、いまだ運転免許を有していて免許証の不携帯にすぎないなどと強弁し、自己名義の自動車を所有して無免許運転を繰り返すうち、

> 本件犯行に至った。
>   本件裁判中も無免許運転を繰り返すとともに、今後も無免許運転を続ける旨公言しており、Uの交通法規軽視の態度には強いものがあって、Uの刑事責任は軽くない。

|解|説|

　道交法の運転免許制度は、道路における危険その他社会公共の安全を害する等のおそれを防止するため、一般的に運転行為を禁止し、一定の能力を備え、安全な運転に必要な知識・技能を有しているとして運転免許試験に合格し、免許拒否事由に該当しない場合に、個別的に運転を認めるという行政学上の「警察許可」と解されている。

　本件は、犯人が2回にわたり普通乗用自動車を無免許運転したという事案である。公判において、犯人は運転免許証を免許更新センターに預けていると思っていたなどと不合理な主張をした。

　本判決では、運転免許更新センターの係官が運転免許証の有効期間が5年に延びるとか、罰金を払うまでは運転免許証をセンターで預かるなどと言うはずもなく、また、犯人が運転免許証更新の申請時に支払った手数料の返還を受けていることを認めていることから、それは運転免許証の更新申請を撤回したからにほかならないと判断し、犯人には無免許運転の故意が認められると判示した。

◆◇◆ 根拠法条 ◆◇◆

無免許運転……道交法64条、117条の4第2号

23 シートベルト装着義務違反の成否
大阪高裁平成20年2月14日判決

関係違反：座席ベルト装着義務違反
参考文献：裁判所web

|ポイント| 取締り直後の後付けの可能性

|事案概要|

　A警部補は、5名の警察官で座席ベルト（シートベルト）装着義務違反の取締りに従事していた。本件当日午後4時頃、Aは、時速20キロメートル前後で側方約2メートルの位置を通り過ぎた車両の運転者について、座席ベルトを着用していないことを現認した。Aは、当該車両が通り過ぎた直後に、車両停止係のB巡査に対し、車両番号、車種及び塗色を無線で通報した。Bは、無線連絡を受け、直後にT運転の車両を停止させた。

　Tは、一貫して本件違反を否認していた。T車両の同乗者Iも、検挙の直後から一貫してTは座席ベルトを着用していた旨証言していた。

　公安委員会は、道路交通法令に基づき、座席ベルト装着義務違反で基礎点数1点を付した。これに対して、Tは、行政事件訴訟を提起し、装着義務違反はなく、違法な取締りを受けたとして、国賠法に基づく慰謝料等を請求した。

　1審は、Tの請求を棄却した。Tが控訴した。

|判決要旨| 控訴棄却

　A警部補が警笛を吹鳴してからB巡査がT車両に左に寄るように合図するまで6.15秒の時間があったのであるから、Tがその間に座席ベルトを装着することは十分可能である。TとIとは二十数年来の関係であり、TがB巡査から座席ベルト装着義務違反を伝えられた際、激しい口調で「シートベルト、してるやろう」旨申し向けていたことからすると、TとIとの間で、座席ベルトを装着していたことについて事前に口裏合わせまで行っていなくても、

Tが座席ベルトを装着していた旨口添えすることはあり得ることであって、Iの証言が直ちに信用できるということもできない。

　座席ベルト装着義務違反の取締りについて豊富な経験を有していたA警部補が、Tの座席ベルト装着の有無や車両を見間違える可能性はなかったと認められる上、同人が殊更虚偽の証言をする動機も認められず、また、同人及びB巡査はTが後付するところは見ていない旨不利な事情も証言するなど、その証言内容に不自然な点もない。

解説

　シートベルト（座席ベルト）は、実際の交通事故に遭った場合、自動車に乗車している運転者や同乗者に対する被害を軽減する上で、極めて効果が高いと認められている。シートベルトをしていない場合、自動車走行中の衝突事故等により、身体が車内で振り回され、開いたドアや割れたガラス部分等から車外放出されることも多く、死亡に至るケースもある。

　このような背景から、自動車運転者等に対するシートベルト着用の推進方策が進められてきた。昭和60年9月には自動車を運転する場合に運転席と助手席においてシートベルト装着の義務化が行われ、平成20年6月からは後部座席についてシートベルト装着が義務化されている。

　本件では、シートベルト装着義務違反で取締りを受けた違反者が、行政訴訟手続でその事実を争ったものである。本判決では、事実経過等を詳細に検討した上で、違反者の主張を採用しないとの判断を示した。

◆◆ 根拠法条 ◆◆

座席ベルト装着義務違反……道交法71条の3、施行令別表第2

関連判例　最高裁昭和55年9月22日決定（判時977号）

　警察官らが交通関係違反取締りのため通過車両の全てに対し停止を求める交通検問を実施し、酒気帯び運転者が道交法違反で起訴された事案において、警察法2条1項が「交通の取締」を警察の責務として定めているなどとして、一般的交通検問が自動車利用者の自由を不当に制約することにならない方法等で行われる場合は適法であると判断された事例

追跡車両の急ブレーキとパトカー追突

東京地裁平成26年2月4日判決

関係違反：急ブレーキ禁止違反
参考文献：判時2235号

|ポイント| 緊急走行による追跡時の追突事故の責任

|事案概要|

　Vの乗車した普通乗用自動車は、屋根にタクシー防犯灯のような部品を装備していたが、ナンバープレートは自家用車の白色であった。警察官らは、道路運送法違反（いわゆる白タク営業）の疑いがあると考え、追跡を開始した。

　V車が停止したため、警察官らは職務質問を行うとともに、運転免許証の提示を求めた。Vは警察官らの求めに応じず、自車に閉じこもった。その後、Vは自車をゆっくり発進させた。警察官らはパトカーに乗車し、緊急走行（赤色灯点滅・サイレン吹鳴）で追跡した。

　パトカーは、V車に対してマイクを使用して停止を求めた。パトカーとV車の車間距離は約10メートルとなったが、V車が徐々に時速を30～35キロメートルまで上げたため、パトカーも同様に速度を上げた。Vは、急ブレーキを掛けて自車を急停止させた。パトカーもブレーキを掛けたが間に合わず、停止寸前に前部バンパーが、V車の後部バンパーにわずかに接触した。

　本件接触事故の直後、警察官はVに対して急ブレーキを掛けた理由を質問し、運転免許証の提示を求めたが、Vは拒否した。このため、警察官は、Vに対し道交法違反容疑で逮捕する旨を告げ、現行犯逮捕した。Vは勾留後、不起訴処分となり釈放された。Vは、国賠法に基づき慰謝料等を請求した。

|判決要旨|　**請求棄却**

　Vは、本件事故前、道路運送法違反の疑いで警察官から職務質問を受け、運転免許証の提示を求められたにもかかわらず、これを拒否したままV車を

運転して現場を離れ、さらに、本件パトカーが緊急走行で追跡し、Ｖ車に停止を求めたにもかかわらず、直ちに停止させなかった。Ｖは、本件パトカーがＶ車に追い付いた際、一旦加速させて逃走するかのような態度を示した直後にＶ車を急停止させて、本件事故を発生させた。Ｖは、本件事故後も警察官らの職務質問や運転免許証提示の求めに応じることはなかった。

このような事実経過の下では、Ｖには少なくとも逃亡のおそれ（被疑者が逮捕の場所から逃走することだけではなく、捜査機関にとって所在不明となること等のおそれも含まれる。）がないとはいえないのであって、逮捕の必要性はあった。

解説

車両の運転者は、危険を防止するためやむを得ない場合を除いて、急ブレーキを掛けてはならないとされている（道交法24条）。

車両の追突事故に際しては、被追突車が道交法24条に違反して急ブレーキを掛けて事故が発生した場合、追突車には前方注視等の安全運転義務や車間保持義務が課され、被追突車には急ブレーキ禁止義務が課されているため、一般的には双方の過失の内容・程度を勘案して過失相殺が行われることが多くみられる。

本件は、パトカーが緊急走行で対象車両を追跡しており、その最中に対象車両が故意に急ブレーキを掛け、パトカーが追突したという特殊な事例であった。

本判決では、パトカーを運転していた警察官について、対象車両との間に最低限の車間距離を保持し、前方注視等の安全運転義務（道交法70条）を履行していたと評価し、自動車の運行に関し注意を怠らなかった、と判断した。

◆◆ 根拠法条 ◆◆

急ブレーキ禁止違反……道交法24条、70条

関連判例　横浜地裁平成4年3月3日判決（判タ796号）

右折禁止交差点で右折した車両が、警察官に停止を求められたが逃走し、約8キロメートル先で事情聴取を受けたが、運転免許証提示等に応じなかったため運転者が現行犯逮捕されたが、その手続に違法はないと判断された事例

第2 交通事故事件の捜査（過失致死傷事犯）

25 停止中の車両への当て逃げ

東京高裁平成13年5月10日判決

適用罪名：業務上過失傷害、無免許運転、救護義務違反、報告義務違反、犯人隠避教唆
参考文献：判時1751号

ポイント　交通事故発生時の運転者の義務

事案概要

　Yは、本件当日午後2時27分頃、無免許のまま道路において普通乗用自動車を運転して直進中、前方注視義務を怠り、進路前方に停止中の甲（当時20歳）運転の普通乗用自動車後部に自車前部を衝突させ、甲に全治約10日間を要する傷害を負わせた。しかし、Yは救護・報告義務を怠り、逃走した。その後、Yは身代わり犯人を仕立て上げた。

　Y車両が停止中の甲車両に衝突した際、Yは首を痛め、助手席に同乗していたIはフロントガラスに頭を打ち付けていた。Y車両はボンネットが半分近く開いた状態になり、甲車両は右後部が破損し、後部バンパーが脱落し、右後部タイヤがパンクしていた。さらに、甲車両は道路に沿って停止していたが、衝突によって車両の位置が約90度回転して、道路に対し垂直に押し出されていた。

　Yは、業務上過失傷害、道交法違反（救護義務違反等）及び犯人隠避教唆で起訴された。1審は、Yを有罪（懲役1年6月の実刑）とした。

　Yは控訴し、この衝突事故は一瞬のことであり被害車両に人が乗っていたか分からなかったから、被害者が乗車していたという認識はないため救護義務違反罪は成立しない、などと主張した。

判決要旨　控訴棄却

　道交法72条1項は、車両等の交通による人の死傷又は物の損壊があったときは、当該車両等の運転者は直ちに車両等の運転を停止しなければならないことを規定し、運転者に負傷者の救護の要否、道路における危険の有無を確

認すべき義務を課している。この義務を尽くすためには、単に運転中の車両内から望見するのみでは足りず、その運転車両から下車して停止車両に近づき、この車両内外に対して直接五感の作用を働かさせなければならない。

　本件においては、衝突による強い衝撃により物の損壊が生じていることが明らかであり、Ｙはこの事実を認識しながら、あえて停止の上の確認義務を履行しなかった。してみると、Ｙの供述を前提としても、Ｙの行動態様は、被害車両に人が乗車し、この者が傷害を負っても構わずとして、あえて逃走を図ったものと認めるのが相当であり、交通事故により人の傷害についての未必の故意があった。

解説

　交通事故があった場合、当該交通事故に関与した車両等の運転者等は、直ちに当該車両等の運転を停止して、負傷者を救護し、道路における危険を防止する等必要な措置を講じなければならない。

　これは、交通事故によって人の死傷又は物の損壊を生じた場合、単に運転中の車両内から望見したのみでは負傷者の救護の要否、道路における危険防止措置の要否を確認することは困難であることに鑑み、運転者に対して必ず一旦停止して子細に調査する義務を課したものと解されている。

　この場合の救護義務違反罪の故意は、人の死傷又は物の損壊につき、不確実又は未必的な認識をもって足りる。本判決においても、停止中の車両に追突した場合について、客観的証拠から人の傷害について未必的認識を認定している。

◆◆ 根拠法条 ◆◆

業務上過失傷害……刑法211条（当時）
無免許運転……道交法64条、117条の2の2
救護義務違反……道交法72条1項前段、117条2項
報告義務違反……道交法72条1項後段、119条1項
犯人隠避教唆……刑法61条、103条

26 商業施設駐車場内でのひき逃げ
高松地裁平成14年11月28日判決

適用罪名：業務上過失傷害、救護義務違反、報告義務違反
参考文献：裁判所 web

ポイント 駐車場内の交通事故に対する法適用

事案概要

　Fは、本件当日午後1時45分頃、業務として普通乗用自動車（軽四）を運転し、大規模集合小売店舗の駐車場内通路を時速約10キロメートルで直進するに当たり、交差する左方道路の見通しが困難であったことから、交差通路の手前で一時停止又は徐行して左方道路の交通の安全を確認すべき業務上の注意義務があるのに、これを怠った。

　Fは、右方通路で多数の客がいるのに気をとられ、左方道路の交通の安全を確認することなく進行した。この過失により、Fは、折から左方道路から進行してきた乙運転の自転車に気付くのが遅れ、自転車に自車を衝突させて、路上に転倒させた。この衝突事故により、乙は加療約1か月を要する腰椎圧迫骨折等の傷害を負った。

　Fは、不特定多数の一般車両等が通行している駐車場通路で自動車を運転中、乙に傷害を負わせる事故を起こしたのに、直ちに乙を救護する等法律の定める必要な措置を講ぜず、その事故発生の日時及び場所等法律の定める事項を直ちに最寄りの警察署の警察官に報告しなかった。

　Fは、業務上過失傷害及び道交法違反（救護義務違反等）で起訴された。

判決要旨 有罪（懲役10月・執行猶予3年）

　本件駐車場は、北側道路との間に2か所、西側道路との間に1か所、いずれもアコーディオン式門扉が設置されている出入口がある。それらはいずれも昼間帯においては開放され、自動車が自由に出入りすることが可能であり、

その通路部分は、店舗の利用客のみならず、本来周囲の道路を利用すべき車や原動機付自転車なども多数通行しており、その中には直近の交差点の信号待ちを回避しようとして通路部分を通行するものも少なくない。

　このような大規模小売店舗の駐車場内に多数の通行人がいることは容易に分かることであり、進路方向右側の他の客に気をとられたとはいえ、Ｆの過失は軽いとはいえない。乙は高齢であり、傷害の程度も重い。しかも、事故後、Ｆは乙を救助することなく逃走し、事故車両は盗まれた旨の被害届を出しており、Ｆの犯行態様は非常に悪い。

解説

　本件は、軽四自動車の運転者が、大規模集合小売店舗の駐車場の通路部分を通行中、交差する道路をよく確認せず進行し、被害者が乗っていた自転車と衝突して自転車ごと転倒させてけがを負わせたにもかかわらず、その場から逃走したという事案である。

　道交法72条1項の「交通事故」とは、「道路」（2条1項1号）における車両等の交通に起因するものに限られると解されるが、本件駐車場通路は「一般交通の用に供するその他の場所」として「道路」に該当する。

◆◆ 根拠法条 ◆◆

　業務上過失傷害……刑法211条（当時）
　救護義務違反……道交法72条1項前段、117条2項
　報告義務違反……道交法72条1項後段、119条1項

関連判例　福岡高裁平成3年12月12日判決（判タ796号）

　　町道と農道が交わる交差点（信号機なし）で衝突事故を起こした自動車運転手が、被害車両（自動二輪車）がそのまま立ち去ったものと誤信し、現場を離れた事案に関して、救護及び報告義務違反が成立すると判断された事例

27 複数事故と因果関係
神戸地裁平成15年1月16日判決

適用罪名：業務上過失致死、救護義務違反、報告義務違反
参考文献：裁判所 web

|ポイント| 当初の事故が引き起こした死亡事故の責任

|事案概要|

　Qは、本件当日午後10時4分頃、普通乗用自動車を運転して高速道路の走行車線を進行中、同車線を先行中の丙（当時50歳）運転の軽四輪を追い越すに当たり、前方左右を注視しハンドル・ブレーキを的確に操作して進路を適正に保持すべき業務上の注意義務があるのにこれを怠り、たばこの火を消そうとして灰皿に目を向け、前方注視を欠いたまま漫然時速約100キロメートルで進行した。
　Qは、自車を中央分離帯に向けて逸走させ、操縦の自由を失い、丙車両に衝突させ、同車を横転させた（第1事故）。約2分後、進行してきた丁運転の大型貨物自動車が、車両直近に立っていた丙に衝突し、丙に心臓破裂等の傷害を負わせて死亡させた（第2事故）。Qは、交通事故を起こしたかも知れないことを認識しながら、何の措置も講じなかった。
　Qは、業務上過失致死及び道交法違反で起訴された。

|判決要旨| 有罪（懲役2年）

　弁護人は、①第1事故と第2事故とは時間的にも場所的にも相当な隔たりがあり、本来的には2つの事故とみるべき、②丙を死亡に至らしめる傷害は第2事故によって発生したもので、第1事故では死に至るような傷害を負っていない、③第2事故における丁の過失の程度は著しく大きいから、丙の死亡は第2事故における丁の過失によってのみ発生したもので、Qの過失と丙の死亡との間には刑法上の因果関係はない、旨主張する。
　しかしながら、①の点は、第2事故は、第1事故のわずか約2分後に、第

1事故によって丙車両が停止した場所で発生したものであって、その間、現場の状況に格別の変化もないのであるから、むしろ第2事故は第1事故と時間的・場所的に近接して発生した一体性の強いものと考える。
　②③の点は、なるほど丙を死に至らしめる傷害は第2事故によって発生したものと考えられ、丁の過失も重大であることは否定し得ないけれども、Qの行為それ自体が高い危険性を有するものであり、第2事故の発生は通常予測可能な範囲内のものであることに照らすと、Qの行為と丙の死亡との間の因果関係を否定するものとはいえない。

解説

　本件は、犯人が高速道路で先行する被害車両を追い越すに当たり、過失により自車を被害車両に衝突させて同車を横転させ、その直後に進行してきた大型トラックをして被害車両直近に立っていた被害者に衝突させて死亡させ、このような交通事故を起こしたのに救護義務及び報告義務を怠った、という業務上過失致死及び道交法違反の事案である。
　犯人は、高速道路上において車両を運転中に前方注視を欠いたまま漫然と時速約100キロメートルで進行した過失により、車両を中央分離帯に向けて逸走させて、ハンドル操作を誤り操縦の自由を失った。こうした行為は、それ自体高速道路進行中の他の車両等に衝突させ、その運転者や同乗者等に死傷の結果を引き起こす高い危険性を有するものである。

◆◆ 根拠法条 ◆◆
　業務上過失致死……刑法211条前段（当時）
　救護義務違反……道交法72条1項前段、117条2項
　報告義務違反……道交法72条1項後段、119条1項

▶関連判例　最高裁平成16年10月19日決定（判時1879号）
　　高速道路を進行していた普通車運転者が、大型車両の運転方法に立腹し、停止させて文句を言って暴行を加えて立ち去ったが、後続車両が停止していた大型車両に追突し死傷事故が引き起こされた事案に関して、普通車運転者が業務上過失致死傷罪で有罪とされた事例

28 高速道路でのひき逃げ死亡事故

広島高裁平成15年7月15日判決

適用罪名：業務上過失致死、救護義務違反、報告義務違反
参考文献：裁判所web

ポイント 被害者に対する認識の程度と救護義務

事案概要

　Lは、本件当日午前2時50分頃、高速道路を普通貨物自動車で走行中、過労などのため眠気を催し、前方注視が困難な状態に陥った。Lは、直ちに運転を中止すべき注意義務があるのにこれを怠り、そのまま運転を継続した。
　C（当時43歳）は、普通貨物自動車の車両火災のため路肩に停止し、消火活動をしていた。Lは仮睡状態で車両を運転していたが、クラクションの音で目を覚まし、Cを発見したものの何らの措置を講ずる間もなく、自車をCに衝突させてれき過した。この衝突事故により、Cは多臓器損傷により死亡した。
　Lは、本件事故後、直ちに車両の運転を停止してCを救護するなど必要な措置を講じず、その事故の発生日時及び場所等法律の定める事項を、直ちに最寄りの警察署の警察官に報告しなかった。
　Lは、業務上過失致死及び道交法違反で起訴された。1審は、業務上過失致死罪の成立は認めたものの、Cの存在を認識していたことについて合理的な疑いが残るとして救護義務違反を否定し、報告義務違反の成立のみを認め、Lを有罪（懲役1年6月）とした。検察官が控訴した。

判決要旨 原判決破棄・有罪（懲役2年）

　・Lは、かなりの眠気を感じて、一瞬まぶたを閉じたこともあったというのであるが、他方で、タバコを吸うなどして眠気を覚まそうともしており、眠気を覚えてからも、相当の距離にわたりガードレール等に衝突することもなく車両を運転している。また、車両の損傷状況などからすると、衝突時、車

両は相当強度の衝撃を受けたと考えられるが、Lは、すぐにハンドル操作して運転を継続している。Lが、一時的に仮睡状態に陥ったとはいえ、その程度は深いものではなく、しかも、衝突直前、後続車両のクラクションで仮睡状態から覚めて意識を回復していたと認める。

本件交通事故の衝突状況は、C車両及びL車両の損傷の部分や程度、Cの遺体のれき過状況、路上の破片や遺留物の散乱状況などからすると、かなり激しい衝撃があり、軽微な接触衝突ではないことは、Lにおいても知り得たはずである。Lは、直ちに停車することなく、ワイパーも作動しないなど車両が相当の損傷を受け、走行にかなり危険な状況であったにもかかわらず、そのまま運転を継続している。

Lは本件交通事故が重大な人身事故であることを認識し、その発覚を恐れる余り、このような行動をとったとみることができる。

解説

本件は、普通貨物自動車の運転者が、仮睡状態のまま走行して被害者に衝突して死亡させ、発覚を恐れて現場から逃走した事案である。本件犯人は、過労運転をして強い眠気を感じ、正常な運転ができない状態にあったのに、停車して休憩することなく運転を継続して、本件交通事故を引き起こしており、職業運転手としての基本的注意義務を怠ったものといえる。

1審判決では、犯人が被害者を認識していたことについて合理的な疑いが残り、業務上過失致死の事実について被害者に気付かないで車両を衝突させたと認定した上、報告義務違反は認められるが、救護義務違反については証明がないと判断した。

これに対し、本判決では、犯人が衝突直前に被害者を発見し、車両を衝突させたことを認識していたことを十分認定することができるので、救護義務違反を認定しなかったのは事実誤認であるとして、1審判決を破棄している。

◆◆ 根拠法条 ◆◆

業務上過失致死……刑法211条（当時）
救護義務違反……道交法72条1項前段、117条2項
報告義務違反……道交法72条1項後段、119条1項

29 救護義務対象となる「負傷者」
静岡地裁平成16年11月10日判決

適用罪名：業務上過失致死、救護義務違反、報告義務違反
参考文献：裁判所web

ポイント 死亡していることが一見明白な者の判断

事案概要

　Mは、本件当日午前1時20分頃、業務として普通貨物自動車を運転して、本件道路を時速約70キロメートルで進行するに当たり、前方左右を注視し進路の安全を確認しながら進行すべき業務上の注意義務があるのにこれを怠り、前方を十分注視せず、進路の安全確認不十分なまま漫然進行した。
　このため、Mは、丁（当時33歳）が路上に転倒しているのを前方約8メートルの地点に迫って発見し、急制動の措置を講じたが間に合わず、丁を右後輪でれき過した。丁は、頭蓋骨粉砕骨折等により死亡した。Mは、そのまま逃走した。
　Mは、業務上過失致死及び道交法違反で起訴された。公判において、弁護人は、救護義務違反の点に関して、被害者は一見して死亡が明らかな状態であったから、救護義務違反の罪は成立しないなどと主張した。

判決要旨 有罪（懲役2年・執行猶予4年）

　道交法72条1項前段の救護義務の対象となる「負傷者」とは、死亡していることが一見明白な者を除き、車両等の交通によって負傷した全ての者を含む（最高裁昭和44年7月7日決定）。
　丁は、M車両にれき過されたことにより、心臓が挫裂し、肺や脳が挫滅するとともに、頭蓋骨の粉砕骨折、肋骨多発骨折等の高度の損傷が多数発生し、多発損傷によってほぼ即死したこと、外見上も頭部が変形して前頭部の骨が突出し、左右の目がやや離れているような状態であったことなどが認められるものの、身体の重要部分が切断されてしまったり、内臓が飛び出してしまっ

ているというような状況にはなかったもので、死亡していることが一見明白な状態ではなかった。

|解説|

　本件は、トラック運転者が、進路の安全確認不十分なまま漫然と進行した過失により、路上に転倒していた被害者をれき過して頭蓋骨粉砕骨折等の多発損傷を負わせて死亡させ、被害者を救護する等必要な措置をとらず、最寄りの警察署の警察官に事故内容を報告しなかったという、ひき逃げ死亡事故である。
　本件では、ひき逃げされた被害者が、一見明白に死亡している者と判断されるかが問題とされた。搬送先病院で被害者の死亡確認をした医師は、被害者の顔面や頭部を見れば、医学的知識のない一般人であっても被害者が死亡していると判断したと思う、と述べていた。しかし、司法解剖担当医師は、被害者にしっかり目を近づけてつぶさに見れば一般人が見ても死亡していると分かるかも知れないが、道路に倒れている被害者を一見しただけではすぐに死んでいるとは判断できないと思う、と述べていた。
　また、被害者を病院に搬送した救急隊員は、被害者が明らかに死亡していると判断することができない状態にあったことや、被害者に対して蘇生術の心臓マッサージを施した旨述べていた。
　本判決では、これらの証言も踏まえ、被害者が死亡していることが一見して明白な状態ではなかったと判断し、救護義務違反罪の成立も認めている。

◆■　根拠法条　◆■
　業務上過失致死……刑法211条1項前段（当時）
　救護義務違反……道交法72条1項前段、117条2項
　報告義務違反……道交法72条1項後段、119条1項

▶関連判例◀　大阪地裁平成3年5月21日判決（判タ773号）
　深夜、自動車運転者が前方不注視のまま進行し、路上にうずくまっていた被害者に衝突し、車体下部に巻き込んだが、怖くなって逃走のため再発進させたところ、れき過して死亡させた事案について、業務上過失致死及び救護義務違反等の成立を認め有罪とされた事例

30 自転車女性に対するひき逃げ死亡事故

岡山地裁倉敷支部平成17年9月9日判決

適用罪名：業務上過失致死、救護義務違反、報告義務違反
参考文献：裁判所web

ポイント 悪質な過失によるひき逃げ事故

事案概要

　Zは、本件当日午後7時過ぎ、普通乗用自動車を運転し、左右の見通しの困難な交差点を時速約40キロメートルで進行するに当たり、前方の道路状況を確認するとともに交差道路の安全を確認すべき業務上の注意義務があるのにこれを怠り、本来であれば前方に交差点があることが分かるのに、遠方を望見していて交差点に気付くのが遅れ、そのまま交差点に進入した。

　Zは、折から、左方から進行してきた甲（当時54歳の女性）運転の自転車の右側部に自車を衝突させ、甲を路上に転倒させた。この衝突事故により、甲は脳挫傷等の傷害を負って死亡した。

　Zは、上記交通事故を起こしたのに、直ちに車両の運転を停止して負傷者を救護する等必要な措置を講ぜず、その事故発生の日時及び場所等法律で定める事項を、直ちに最寄りの警察署の警察官に報告しなかった。

　Zは、業務上過失致死及び道交法違反で起訴された。

判決要旨 有罪（懲役3年）

　本件の過失は前方不注視であって、運転者の最も基本的な注意義務違反である。その過失態様を検討すると、Zは免停講習で警察署に預けていた免許証を返してもらうため急いで運転しており、甲には夜間、降雨であるのに傘をさし、無灯火で自転車に乗っていた落ち度が認められ、Zはワイパーの動き等で前方が視認しにくかった。

　一方で、Zは渋滞で抜け道はないかとあちこち右左折する粗雑な運転を行っ

ていたこと、本件当時、裸眼で視力検査の一番上にある文字がぼやけて見える程度の視力しかなかったのに、当日の解体工事で右眼の使い捨てコンタクトを落とした後、右眼は裸眼のまま、あえて危険な状態で自動車を運転していたこと、甲としては優先道路で駅前地域であるから、交差道路からは自動車が進入してこない旨信頼したであろうことなどを考えると、本件は通常の運転過失とは到底いうことができない。

さらに、本件がいわゆるひき逃げ事案であって、自らに責のある交通事故により負傷した甲に適切な救護措置を講ぜず、警察に必要な事故報告を行わないことで、人の生命、身体がむなしく失われる危険が発生しないように運転者が厳しく遵守すべき規定に違反していることを考慮すれば、Zに対しては厳しい非難がなされなければならない。

解説

本件犯人は、夜間に降雨の中、駅前地域において交差する優先道路を自動車で横断進行する際、道路状況の確認不十分により遠方を望見して交差点自体に気付かず、相当な速度で交差点に進入横断した過失により、折から交差優先道路を傘をさし、無灯火の自転車で進行してきた被害者と衝突し、路上に転倒させて死亡させた。

犯人は自動車の任意保険加入に関心が低いなど、本件過失の背景に存する通常見られないような危険な運転態様があり、事故発生の蓋然性は相当に高かったと判断され、悪質・危険な自動車運転行為とみられた。さらに、犯人は、重大事故を引き起こしたにもかかわらず、被害者を救護せず、事故報告を行わなかった（ひき逃げ）という悪質事案であった。

◆■◆ 根拠法条 ◆■◆

業務上過失致死……刑法211条（当時）
救護義務違反……道交法72条1項前段、117条2項
報告義務違反……道交法72条1項後段、119条1項

車両への攻撃と正当防衛
大阪地裁平成24年3月16日判決

適用罪名：報告義務違反
参考文献：裁判所 web

ポイント　車両に対する執拗な攻撃と死亡事故の刑事責任

事案概要

Hは、車両を運転して繁華街の駐車場を出発し、進行していた。Hは、車両の前を乙（当時39歳）らが歩行していたのでクラクションを鳴らし、道路脇で立ち止まった乙らを追い抜いた。

その後、乙はH車両を追いかけ、大声で「殺すぞ」「降りてこい」などと怒鳴りながら、運転席窓ガラスを何度も手拳で殴打したり、運転席ドアノブを引っ張ったり、運転席側のドアを蹴ったりしていた。乙の仲間もH車両に追いつき、同様に怒鳴ったり、H車両を損壊しようとしたりして、車両のリアワイパーは引きちぎられた。

Hは、切迫した心理状態になっており、追いかける乙から遠ざかるために進路を確保しようとクラクションを鳴らし続けた。乙は、H車両の運転席ドアノブ付近をつかんで併走していたが、交差点内で路上に落下し、その際に胸部や側頭部などをH車両の後輪にれき過された。その際のH車両の速度は、時速約37キロメートルであった。乙は病院に搬送されたが、死亡した。

Hは、傷害致死（予備的訴因として自動車運転過失致死）及び道交法違反（報告義務違反）で起訴された。

判決要旨　有罪（罰金5万円、自動車運転過失致死罪は正当防衛により無罪）

乙の右前胸部、右側頭部及び右顔面部分は、H車両の右後輪によりれき過されたことが認められる。乙の胸板の厚みは15センチメートル程度あり、頭

> 部もそれなりの厚みがあることが認められるから、乙をれき過した際、Hは、右後輪の衝撃から、それなりの大きさの物体をれき過したと認識したことが認められる。そうすると、乙の身体をれき過した際、Hには少なくとも物を損壊したかもしれないという認識があったということができるから、交通事故の認識はあった。
> 　関係証拠によれば、Hは、乙の身体をれき過した後、警察官に対し、交通事故が発生した日時、場所など法律の定める事項を報告しなかったことが認められるから、Hには道路交通法違反の罪（報告義務違反）が成立する。

解説

　本件では、①被害者が車両にれき過されて死亡したと認められるか、②傷害致死に関連して、運転者に暴行の故意が認められるか、③暴行の故意が認められなかった場合に、自動車運転の過失が認められるか、④運転者に正当防衛が認められるか、が争点とされた。

　本判決では、①については、被害者は車両にれき過されたと認められる、②については、暴行の故意は認められない、③については、過失が認められる、④については、正当防衛が成立する、と判断された。

　このうち、正当防衛を判断する事情としては、被害者らの車両に対する攻撃は尋常ではなかった、それに対する運転者の行為は一貫して被害者から遠ざかるために車両を走行させたというだけで、被害者らに直接的に向けた攻撃を一切加えていない、にもかかわらず、被害者は車両に攻撃を加え続け、走行する車両のドアノブ付近から手を離さず併走したのであって、自ら危険な状況に飛び込んだといえる、といった経緯が認められた。

　本判決では、これらの事情を踏まえ、本件では被害者の行動そのものが大きな原因となっているといえるから、運転者の行為がやむを得ず身を守るためにしたものとして相当だと考えられる範囲を超えていたということはできないとして、正当防衛が成立すると判断した。

◆◇◆ 根拠法条 ◆◇◆
報告義務違反……道交法72条1項後段、119条1項

32 暴走重大事故のひき逃げ死亡事故

札幌地裁平成28年11月10日判決

適用罪名：危険運転致死傷（赤色信号無視）、救護義務違反、報告義務違反、酒気帯び運転
参考文献：裁判所 web

ポイント 危険運転の共謀とひき逃げの罪責

事案概要

　J 及び K は自動車をそれぞれ運転し、本件当日午後10時34分頃、片側 2 車線道路を並走して交差点を直進するに当たり、信号機が赤色を表示していたのに殊更に無視し、J は時速約111キロメートルで交差点に進入し、その直後に K は時速約100キロメートルで交差点に進入した。

　折から左方道路から信号に従い進行してきた A （当時44歳）運転の普通乗用自動車に、J は自車を衝突させた。この衝突事故により、A と同乗者 B （当時17歳）及び D （当時49歳）の 3 名は死亡し、E （当時12歳）は重傷を負った。また、同乗者 C （当時16歳）が車外に放出されて、路上に転倒した。

　K は運転車両で C をれき跨し、そのまま車両底部で C を引きずるなどした。C は胸腹部圧迫等による窒息により死亡した。K は、直ちに車両の運転を停止して救護する等の措置を講ぜず、その事故発生の日時・場所等を直ちに最寄りの警察署の警察官に報告しなかった。

　J は危険運転致死傷及び道交法違反（酒気帯び運転）で起訴され、K は危険運転致死傷及び道交法違反（救護義務違反・報告義務違反）で起訴された。

　K は、公判において、J と共謀していないから、引きずった被害者以外については救護義務及び報告義務を負わない、などと主張した。

判決要旨 有罪（J 及び K　いずれも懲役23年）

　J 及び K の間には、危険運転致死傷罪の共謀が成立するから、J 車が被害車両に衝突したことについても、K は責任を負う関係にある。すなわち、J

車が被害車両に衝突して傷害を負わせた交通事故も、Kの運転に起因するものといえる。
　Kの供述によれば、Kは、自車の前方を高速度で走行して本件交差点に進入したJ車が、交差道路を走行してきた被害車両と出会い頭に衝突したのを認識していた。そのような事故の態様からすれば、Kがこの衝突によって人が負傷したであろうことを認識していたことは常識的に考えて明らかであり、Kには救護義務違反及び報告義務違反の故意が認められる。
　KがCをれき跨したこと及び車底部でCを引きずったことを認識していたか否かを検討するまでもなく、Kには被害車両に乗車していた5名に対する救護義務違反及び本件事故についての報告義務違反の罪が成立する。

解説

　本判決では、犯人2人が互いの自動車の速度を意識して自車を高速度で走行させる意思を有しており、実際に自動車相互で競うように高速度で走行し、互いに相手が赤色信号に従わずに交差点を通過しようとする意思を認識し、一緒に高速走行のまま交差点を通過していたのであるから、赤色信号殊更無視の危険運転について「共謀」が成立していた、と判断した。
　そして、犯人2人に危険運転致死傷罪の共謀が成立する以上、先行車両による衝突事故の責任について、衝突事故を実際に引き起こさなかった後続車両の犯人も、その刑事責任を負うこととなる。
　このため、本判決では、衝突事故による被害者5名全員に対して、後続車両の犯人は、自ら引き起こした交通事故と同様に救護義務等を負う、と判断された。

◆◆　根拠法条　◆◆
　危険運転致死傷（赤色信号無視）……自動車運転死傷処罰法2条5号
　救護義務違反……道交法72条1項前段、117条2項
　報告義務違反……道交法72条1項後段、119条1項
　酒気帯び運転……道交法65条1項、117条の2の2

33 患者搬送救急車の交差点事故
千葉地裁平成14年3月28日判決

適用罪名：業務上過失致死傷、酒気帯び運転
参考文献：裁判所web

ポイント 緊急車両の交差点進入時の注意義務

事案概要

　Mは、本件当日午前2時45分頃、救急用自動車をサイレン吹鳴して赤色警光灯を点灯して、緊急用務のため運転していた。Mは交差点を直進するに当たり、対面信号機が赤色灯火信号を表示していたので徐行し、交差道路から進行してくる車両の有無及びその安全を確認しつつ進行すべき業務上の注意義務があった。Mはこれを怠り、漫然時速約20〜23キロメートルで交差点に進入した。

　折から、交差点に進行してきたV運転の普通貨物自動車前部が救急車側面部に衝突し、その衝撃により救急車後部扉が開放された。このため、救急車で搬送中のB（当時32歳）及びC（当時26歳）、救急隊員D（当時37歳）の3名が車外に放出され、それぞれ脳挫傷や頭蓋骨骨折等の傷害を負って、Bは死亡した。

　Vは、酒気を帯び、普通貨物自動車を運転して交差点を直進するに当たり、対面信号機が青色灯火信号を表示していたことに気を許し、漫然時速77〜92キロメートルで進行した。折から、救急用務のため信号に従わずに進行してきた救急用自動車を、交差点手前約10〜26メートルに迫って初めて発見し、急制動の措置を講じたが間に合わず、自車を救急車に衝突させた。その衝撃により、救急車乗車中の3名を車外に放出させ、1名を死亡させ、2名に傷害を負わせた。

　Mは業務上過失致死傷、Vは酒気帯び運転及び業務上過失致死傷で起訴された。

判決要旨　有罪（Mは罰金50万円、Vは懲役2年）

　Mは、本件交差点に信号表示に従わないで進入するに当たり、左右の交差道路を確認し右方道路には車両はなく、左方道路には救急車を優先させるた

め停止していた車両を確認したが、再度右方道路を確認することなく本件交差点に進入した。Mは、当時深夜で交通が閑散とし、右方道路は下りの坂道で見通しが良いとはいえないこともあるから、停止線を越えて交差点に進入するときに、再度右方を確認して徐行して進行すべきであった。この点においてMの過失は軽微なものとはいえ、救急隊員としての責務に照らし、発生した結果が重大なものであることから、Mの責任は軽視しがたい。

Vにおいては、飲酒の上、深夜の交通閑散に気を許し、制限速度のほぼ2倍の高速度で進行していたものであり、その運転自体が危険なものである。本件交差点では青色の信号表示に従っていたとはいえ、運転者としては交差点においては前方左右を注視し、起こりうる事態に対応できるように運転すべき注意義務があった。しかし、Vは漫然と高速度で進行したばかりか、衝突直前に至るまでサイレンを吹鳴し警光灯を点灯させていた救急車に気付かなかった。その注意義務違反の程度は、重大というほかない。

解説

緊急自動車は救急用務を遂行する場合は、信号機の表示に従わずに進行することができるが、その場合は他の交通に注意して徐行しなければならない。一般車両は緊急車両を優先させる義務があるとはいえ、緊急車両が信号表示に従わないで進行する際の運転には特に慎重を期すべき注意義務が課されている。

救急車に衝突した車両運転手は、酒気帯び運転をしていた上、制限速度を大幅に上回る速度で進行していた。制限速度を遵守し、前方左右を注視して運転していれば、本件交差点付近で夜間に警光灯を点灯してサイレンを吹鳴していた救急車に容易に気付くことができ、それを優先させるべき運転者の義務を果たし得た、と判断された。

◆◆ 根拠法条 ◆◆

業務上過失致死傷……刑法211条前段（当時）
酒気帯び運転……道交法65条1項、117条の2の2

暴走運転による右折車両への衝突

長野地裁平成14年12月10日判決

適用罪名：業務上過失致死
参考文献：裁判所 web

|ポイント| 右折車両による対向直進車両の速度に対する信頼

|事案概要|

Rは、本件当日午後11時55分頃、業務として普通乗用自動車を運転して信号機により交通整理が行われている交差点を直進するに当たり、法定速度に従い、前方を注視して進路の安全を確認しながら進行すべき業務上の注意義務があるのにこれを怠り、交通閑散に気を許して前方に対する注視を欠き、進路の安全確認不十分のまま、時速約120キロメートルの高速度で進行した。

Rは、折から、同交差点を右折進行してきた甲（当時29歳）運転の普通乗用自動車（軽四輪）を前方約26.8メートルの地点に認め、急ブレーキを掛けるも間に合わず、自車前部を甲運転車両の左側面部に衝突させた。この衝突事故により、甲は心臓破裂の傷害を負って死亡した。さらに、同乗中の乙（当時18歳）は脳挫傷の傷害を負って死亡し、丙（当時18歳）も骨盤骨折等の傷害を負って死亡した。

Rは、業務上過失致死で起訴された。

|判決要旨| 有罪（懲役4年6月）

本件の被害車両は右折のウインカーを出して停止し、時速40〜50キロメートルで第1通行帯を走行してきた対向直進車両の通過を待って右折進行を開始したことが明らかであって、被害車両の運転者が対向直進車両に対する注意を欠いたまま右折進行したものとは考え難い。

本件事故の状況をみると、被害車両は停止地点から発進して衝突地点までに23メートルくらい走行しており、被害車両がほぼ真横に近い状態になった際、その左側面にR運転車両が衝突している。その状況からすれば、被害車

両の運転者が右折進行を開始した時点でR運転車両の前照灯に気付いても、はるか遠くにこれを認めることになる。その車両が時速約120キロメートルもの無謀な高速で走行していることに気付くのは容易ではなく、そのまま右折進行することが十分に考えられる。

|解説|

　本件は、犯人が、夜間普通乗用自動車を運転して国道を走行するに際し、制限速度の2倍もの時速約120キロメートルの高速で走行し、前方注視も欠いた過失により、自車を対向右折車両に激突させ、相手車両の運転者及び同乗者2名の合計3名を死亡させた事案である。

　道交法では、直進車両に対しても制限速度を遵守することを求めている。そのため、直進車両であっても制限速度をはるかに超えて走行する場合には、優先権を主張することは許されないものと解される。

　本件における犯人運転車両は、制限速度60キロメートル毎時とされている一般道路において、交差点を通過するに際し、その制限速度の2倍の時速約120キロメートルで走行するという、極めて無謀であり、一般的な予測可能範囲を超えた速度で走行していた。これに対し、交差点右折車両の運転者としては、そのような高速度で走行する直進車両はないものと信頼して、右折進行をすることが許容される状況にあった。

　このような状況も踏まえ、本判決では、対向右折車両の運転者には過失があるとまでは言い難く、本件事故の原因はもっぱら時速約120キロメートルもの高速で前方に対する注意を欠いて走行した犯人にある、と判断した。

◆◆ 根拠法条 ◆◆
業務上過失致死……刑法211条前段（当時）

35 左折トラックによる死亡事故

長野地裁平成15年4月7日判決

適用罪名：業務上過失致死
参考文献：裁判所web

ポイント 横断歩道歩行者への安全配慮義務

事案概要

Tは、本件当日午後4時10分頃、業務として大型貨物自動車を運転して、信号機により交通整理の行われている交差点を左折するに当たり、交差点の左折方向出口には横断歩道が設けられていたのであるから、横断歩道の横断者の有無及びその安全を確認して左折進行すべき業務上の注意義務があるのにこれを怠り、安全確認不十分のまま、漫然時速約10キロメートルで左折進行した。

Tは、折から青色信号に従って横断歩道を左方から右方に向かい横断歩行中のB（当時7歳）に気付かず、自車左前部をBに衝突させて路上に転倒させ、左後輪でれき過した。この事故により、Bは脳挫傷等の傷害を負って死亡した。

Tは、業務上過失致死で起訴された。

判決要旨 有罪（禁錮3年）

　自動車を運転する者にとって、横断歩道上の歩行者の安全に対する配慮は最も基本的な注意義務の一つである。しかるに、本件交差点は見通しを妨げるものもないのに、Tは、横断歩道の手前で信号待ちをし、青色信号に従って横断したBに気付かずに、左折をしている。Tは、Bのみならず、一緒に信号待ちをし、T運転車両の直前を横断した友人の存在にも気が付いていなかったと供述しており、Tが横断歩道上の歩行者の有無及びその安全を全く確認せずに左折をしたことは明らかであって、Tの過失は重大である。

　大型車は普通車に比べて死角が広く、運転者はその点に十分留意して安全運転を心掛けなければならない。にもかかわらず、Tは、エアコンを効きや

すくするため、あるいは洗車用具を外から見えないようにするためとの身勝手な理由から、フロントガラス下部の内側及び助手席ドア下部のガラス窓の内側にそれぞれ金属製の板を取り付け、あえて進路前方の死角を広げる工作を施した上で、本件ダンプカーを運転していた。このような運転手としての基本的注意義務を軽視したＴの運転態度は、厳しくとがめられる。

解説

　本件は、犯人がダンプカーを運転して交差点を左折する際、青色信号に従って横断歩道を歩行中の小学生に自車を衝突転倒させた上、同児童をれき過し、死亡させた事案である。
　犯人は、本件ダンプカーのタコメーター内の記録紙を１か月以上も取り替えず、当時相当高率の超過積載をしていたこと等の事情もあり、安全運転に対する認識がかなり欠如していた。
　また、犯人は、以前（平成７年）にも、本件と同じダンプカーを運転中に走行中の自転車に接触させて、自転車運転者を死亡させたとして業務上過失致死罪により罰金50万円に処せられていた。それにもかかわらず、視野を狭めた状態で大型車を運転していたことは、歩行者らの安全を無視した粗暴な運転態度であると判断され、一般予防の観点からも厳しい刑罰を科す必要があると判断された。

◆◆ 根拠法条 ◆◆
業務上過失致死……刑法211条１項前段（当時）

関連判例　東京地裁平成元年１月24日判決（判時1300号）
　10トンダンプトラックの運転者が交差点で左折進行したが、ドアに死角防止のための補助窓がなく、視認可能範囲が狭かったこともあり、横断歩道上を横断中であった母子乗車の自転車に衝突させ、死傷事故を引き起こした事案について、業務上過失致死傷により有罪とされた事例

安全確認を欠いた右直死亡事故

大阪地裁平成15年5月8日判決

適用罪名：業務上過失致死、酒気帯び運転
参考文献：裁判所 web

ポイント 右折車の対向車に対する安全確認義務

事案概要

　Kは、自動車運転業務に従事して、本件当日午後8時30分頃、普通乗用自動車を運転して信号機により交通整理の行われている三差路交差点に一時停止した後、右折進行するに当たり、対向直進してくる乙（当時44歳）運転の普通自動二輪車の前照灯を前方約61.8メートル付近に認めた。

　Kは、乙車の動静を注視し、乙車との安全を確認して右折すべき業務上の注意義務があるのにこれを怠り、自車が先に右折進行できると軽信して発進し、漫然と時速約15キロメートルで右折進行した。折から進路を妨害された乙は、急制動措置を講ずるも車両もろとも転倒滑走し、K車両に衝突した。この衝突事故により、乙は頭蓋底骨折等の傷害を負って、出血性ショックにより死亡した。

　Kは、本件衝突事故当時、酒気を帯び、呼気1リットルにつき約0.25ミリグラムのアルコールを身体に保有する状態で、普通乗用自動車を運転していた。

　Kは、業務上過失致死及び道交法違反（酒気帯び運転）で起訴された。

判決要旨 有罪（懲役1年6月）

　関係証拠によれば、乙車両の走行速度はそのスリップ痕等から時速70～80キロメートルと推定されており、制限速度を20～30キロメートル超過していることがうかがわれる。乙が走行していたのは片側2車線の幹線道路（国道）であることからすれば、その程度の速度超過の車両が走行していることは間々あることであり、一般的に予測可能な範囲にあるといえる。

　Kは、接近しつつある乙車両を現認しているのであるから、その速度に対

> 応した適切な措置を講ずることが求められている。交差点内で一時停止して右折の機会をうかがっていたKとしては、被害車両の速度に鑑み、その通過を待って右折を開始すべきであった。対向してくる二輪車の速度を適切に判断することには幾分の困難を伴うものとしても、かかる注意義務を課することは何ら不可能を強いるものではない。

解説

　本件は、業務上過失致死及び道交法違反（酒気帯び運転）の事案である。犯人は普通乗用自動車を運転中、三差路交差点を右折進行するに際し、対向車の安全確認義務を怠り、重大死亡事故を引き起こした。

　公判において、弁護人は、交差点を直進してきた被害車両（自動二輪車）は急制動を掛けているが、これは被害車両側の前方不注視か、他車のために犯人車両の発見が困難な事情があった可能性がある、などと主張した。

　これに対し、本判決では、被害車両側の前方不注視に関しては証拠に照らしてそのような事情はうかがえず、本件現場には約15メートルの被害車両のスリップ痕が印象され、それに続いて衝突地点まで断続的に擦過痕が印象されており、制動開始後タイヤがロックし路面にスリップ痕が印象されるまでの空走距離の存在も考慮すると、被害者は予期せぬ右折車両の動きに驚き、直ちに制動措置を講じている、と判断している。

◆◆ 根拠法条 ◆◆

　業務上過失致死……刑法211条1項前段（当時）
　酒気帯び運転……道交法65条1項、117条の2の2

関連判例　最高裁平成16年7月13日決定（判時1877号）

　信号機設置の交差点において、右折をしようとした自動車運転者が、対面信号が黄色から赤色表示に変わったため、対向車線の信号も赤色に変わったと即断し、対向車の動静に注意することなく右折進行したが、時差式信号で青色信号に従って進行してきた自動二輪と衝突し、その運転者が死亡した事案について、自動車運転者には動静注視義務違反が成立すると判断された事例

37 信号表示を無視した交通事故
名古屋地裁平成21年8月10日判決

適用罪名：自動車運転過失傷害、酒気帯び運転
参考文献：裁判所web

ポイント　危険運転に至らない赤色信号無視による衝突事故

事案概要

　Sは、酒気を帯び、呼気1リットルにつき0.15ミリグラム以上のアルコールを身体に保有する状態で、本件当日午前0時45分頃、普通貨物自動車を運転した。

　Sは、本件交差点を時速約70キロメートルで直進するに当たり、交差点入口の停止線手前約51メートルの地点で、対面信号機が黄色信号を表示しているのを認めた。Sは、制動措置を講ずるとともに、交差点手前で停止すべきはもとより、あえて本件交差点に進入する場合は、本件交差点出口に設けられた自転車横断帯を横断する自転車の有無及びその安全を確認しながら進行すべき自動車運転上の義務があった。

　Sはこれを怠り、先を急ぐ余り制動措置を講じて停止せず、信号機の信号表示を無視して進行した過失により、折から自転車横断帯を横断進行してきた丙（当時29歳）運転の自転車に、自車前部を衝突させた。この衝突事故により、丙は自転車ごと路上に転倒し、全治不明の急性硬膜下血腫等の傷害を負った。

　Sは、危険運転致傷（予備的訴因として自動車運転過失傷害）及び道交法違反（酒気帯び運転）で起訴された。

判決要旨　有罪（懲役2年4月）

　本件事故の原因は、Sが本件信号機の赤色信号を無視したことと、丙が歩行者用信号機の赤色信号を無視して本件交差点を横断していたこととが、相まって生じたものである。

　本件交差点をよく知るSは、少なくとも黄色の間には本件停止線を通過で

きると感覚的に認識した上で進行を続け、その後、本件停止線の手前約31.2メートルの地点で本件信号機の赤色に気付いたというのである。したがって、Ｓは、信号の変わり際で、当初は赤色信号を無視することについて未必的な認識しか有していなかったところ、安全に停止することが困難な地点となって赤色信号に気付いたということができる。

　Ｓの行為は、赤信号無視とはいえ、黄色信号から赤色信号の変わり際に行われたものであって、赤色信号を無視することについての意思としては消極的なものにとどまる。本件のような被害者側の赤色信号無視等と相まって衝突事故を招きかねない軽率な態度を考慮しても、本来危険運転致死罪が予定している他者への衝突の危険やこれによる死傷の発生の可能性の高い極めて悪質かつ危険な運転行為には当たらず、赤色信号を殊更に無視したものとまでは断定できない。

解説

　本件犯人は、前日夕方６時頃から午前０時頃まで居酒屋及びスナックで相当量の飲酒をしたにもかかわらず、帰宅のため車両を運転した。そして、幹線道路の信号交差点で信号無視をした上、自転車横断帯の安全確認を怠るという自動車運転者としての基本的注意義務に違反していた。

　なお、危険運転致死傷罪は、特定の場所において重大な死傷事故を発生させる高度の危険性を有する行為を類型化したものであり、赤色信号を無視する行為が他の自動車や人との衝突を生じる危険性の高い行為であるから、進行禁止の指示に従う意思のない者を重く処罰する趣旨である。

　そのため、赤色信号に従わない行為であっても、危険性・悪質性が極めて高いとまではいえない行為は除外する趣旨であり、例えば、赤色信号を看過した場合、信号の変わり際で赤色信号について未必的な認識しかない場合等には、「赤色信号を殊更に無視し」には当たらない、と解される。

◆◆ 根拠法条 ◆◆

　自動車運転過失傷害……刑法211条２項（当時）
　酒気帯び運転……道交法65条１項、117条の２の２

38 居眠り運転による死亡事故
神戸地裁平成15年2月26日判決

適用罪名：業務上過失致死
参考文献：裁判所web

ポイント 大型トレーラーの信号無視による重大事故

事案概要

　Gは、業務として大型貨物自動車を運転し、本件当日午前4時40分頃、時速約50キロメートルで進行中、早朝で交通が閑散として気が緩んだことなどのため眠気を覚え、前方注視が困難な状態になった。Gは、直ちに車両の運転を中止すべき業務上の注意義務があるのに、これを怠り、漫然運転を継続した過失により、間もなく一瞬仮睡状態に陥った。

　Gは、そのころ、交差点に自車を進入させたが、折から交差点入口の横断歩道上を左方から右方に向かい横断中のA（当時71歳）運転の自転車を、その前方約7.2メートルの地点に迫って初めて発見し、急制動の措置を講じたが及ばず、自転車右側部に自車を衝突させて、Aを路上に転倒させた。この衝突事故により、Aは脳挫傷により死亡した。

　Gは、業務上過失致死で起訴された。

判決要旨 有罪（禁錮1年8月）

　Gは、当時、約31トンもの重量の鉄筋を積んだ大型トレーラー（長さ……牽引車・トラクタ部分約6.75メートル、被牽引車・セミトレーラ部分約9.10メートル）を運転していた。このような、一旦制御を失えば、まさに走る凶器と化する極めて危険な車両を運転する職業運転手として、殊に安全運転に努めるべき立場にあるGが、強い眠気を感じたにもかかわらず、安易に運転を継続した過失の程度は高い。

　Gは、一瞬仮睡状態に陥って、片側5車線の交通量の多い幹線道路の交差

点に進入し、交差点入口に設けられた横断歩道を横断中のA運転の自転車に自車を衝突させて、Aを死亡させた。Gの供述によっても事故直後交差点内の衝突地点から西方約19.7メートルの地点で停止した際のA進行方向（南北方向）の信号表示は青色であったこと、横断歩道上を横断中のAを死亡させた結果は重大であること、示談は成立しておらず、A遺族の被害感情には殊に厳しいものがあること、業務上過失致死罪等の交通事犯に対する近時の国民の厳しい刑罰感情などを考え併せると、Gの刑事責任は重い。

解説

本件は、犯人が、大型貨物自動車を運転中、眠気を覚え、前方注視が困難な状態になったのに、直ちに車両の運転を中止せず、漫然運転を継続した過失により一瞬仮睡状態に陥り、交差点に進入して、横断歩道上を横断中の自転車に自車を衝突させて、被害者を死亡させたという業務上過失致死の事案である。弁護人は、公判において、仮睡状態に陥ったことはないなどと主張した。

これに対し、本判決では、犯人が公判供述において「眠気を覚え、頭がボーッとして直ちに車両の運転を中止しなければならない程度に前方注視が困難な状態にあった」ことを自認するとともに、検察官調書の中で「本件事故現場手前で一瞬居眠りがあったため、はっとして気が付いたときには、私の視界前方に被害者の自転車が飛び込んできたものと思う」旨供述しており、本件事故状況に関する関係証拠からも、犯人の仮睡状態は十分認められる、と判示した。

◆◇ 根拠法条 ◇◆

業務上過失致死……刑法211条前段（当時）

関連判例　東京高裁平成5年4月22日判決（判時1505号）

大型トラックに26トン余りの砂を積載して時速約40キロメートルで走行していた運転者が、対面信号機が黄色に変わったのを認めながら、いわゆる全赤信号の間に交差点を通過できるだろうと安易に考えて進行した過失により、横断歩道上の幼稚園児に衝突させ死亡させた事案について、業務上過失致死で有罪とした事例

39 見通しが悪い横断歩道での死亡事故

神戸地裁平成16年4月16日判決

適用罪名：業務上過失致死
参考文献：裁判所web

ポイント 横断歩道を通過する車両の安全運転義務

事案概要

　Nは、本件当日午後5時55分頃、業務として普通貨物自動車（軽四）を運転し、交通整理の行われていない交差点を時速約50キロメートルで直進するに当たり、同交差点入口には横断歩道が設けられ、横断歩道の南方は石垣により見通しが悪い状態であったのであるから、適宜速度を調節して、歩行者等の安全を確認しつつ横断歩道上を通過すべき業務上の注意義務があるのにこれを怠り、歩行者等の有無及びその安全確認不十分のまま、漫然進行した。

　Nは、折から横断歩道付近を自転車に乗って横断中のB（当時14歳）を、進路左前方約15.1メートルの地点に発見し、急制動の措置を講じたが及ばず、B運転の自転車に自車左前部を衝突させた。この衝突事故により、Bは路上に転倒し、頭部外傷等の傷害を負って死亡した。

　Nは、業務上過失致死で起訴された。

判決要旨　有罪（禁錮2年）

　本件交差点は石垣のため見通しも悪かったのであるから、Nには本件横断歩道の直前で停止することができるような速度で進行しなければならない注意義務があったのに、これを怠った過失が認められる。
　Nは、Bが飛び出してきた旨主張する。Bが本件交差点の南側道路から一時停止することなく交差点に進入してきた旨の主張であるとすれば、本件事故の直前、一時停止の白線付近で自転車にまたがって止まっているBの姿を目撃した旨の信用性の十分な証人の証言に照らし、理由のないものである。

> N車両が急制動の措置を講じた地点から衝突地点までの約13.5メートルを進行する間に、Bは自転車で約1.5メートル進行しているにすぎないから、Bの自転車が急な飛び出しといえるような速度で本件交差点に進入したわけではないことも明らかである。

|解説|

　車両等の運転者は、「横断歩道等に接近する場合には、当該横断歩道等を通過する際に当該横断歩道等によりその進路の前方を横断しようとする歩行者や自転車がないことが明らかな場合を除き、当該横断歩道等の直前で停止することができるような速度で進行しなければならない」(道交法38条1項)。

　本件犯人は、事故直前の車両速度は時速約30キロメートルであった旨主張した。しかし、本件事故で犯人が急制動の措置をとった地点から停止地点までの距離は約24.4メートルであって、交通力学の知見により算出される停止距離が、車両速度が時速約50キロメートルと算出したものとほぼ合致することから、犯人の主張に理由がないと判断された。

　車両の運転者が走行中に車両を停止させようと考え、ブレーキを掛けて車両を停止するまでの距離を、「停止距離」という。停止距離は、空走距離に制動距離を加えた距離である。

　空走距離は、運転者が危険を感じて急ブレーキが必要と判断した時点から、アクセルペダルからブレーキペダルに足を乗せ替え、ブレーキが効き始める時点までの距離である。この間に要する時間を「反応時間」といい、平均的な反応時間は0.75秒とされる。空走距離は、反応時間と車両速度によって導き出される。

　制動距離は、車両の制動装置によりブレーキが効き始め、車両が実際に停止するまでの距離である。制動距離は、車両の速度、タイヤの路面に対する摩擦係数等によって、異なる値となる。

◆◇◆ 根拠法条 ◆◇◆
業務上過失致死……刑法211条1項前段（当時）

スマホゲームへの脇見運転と死亡事故
名古屋地裁一宮支部平成29年3月8日判決

適用罪名：過失運転致死
参考文献：裁判所 web

|ポイント| 運転中のスマートフォン操作による前方不注視

|事案概要|

　Xは、本件当日午後4時8分頃、普通貨物自動車を運転して交通整理の行われていない交差点を時速約33キロメートルで進行するに当たり、同交差点入口には横断歩道が設けられており、そのすぐ右方に下校途中の小学生らがいるのを右前方約38.2メートルの地点に認めた。Xは、前方左右を注視しつつ小学生らの安全を確認しながら進行すべき自動車運転上の注意義務があるのにこれを怠り、運転席横のシート上のスマートフォン画面に表示させたゲームに気を取られ、前方左右を注視せず、横断歩道手前の停止線で一時停止して小学生らを先に横断させるなどせず、その安全を確認しないまま漫然進行した。

　Xは、折から横断歩道を右方から左方に横断歩行中の丁（当時9歳）を前方約2.8メートルの地点に認め、急ブレーキを掛けたが間に合わず、丁に自車前部を衝突させて路上に転倒させた上、車底部で引きずるなどした。この事故により、丁は外傷性くも膜下出血等の傷害を負って死亡した。

　Xは、過失運転致死で起訴された。

|判決要旨|　有罪（禁錮3年）

　Xの過失ないし本件事故の態様等を見ると、事故のあった現場は住宅街の中にある信号機のない交差点で、入口付近に横断歩道が、その手前には停止線があり、また、時刻は午後4時8分頃で小学生らが下校する時間帯であった。このような特に注意すべき時間帯及び場所付近であるにもかかわらず、Xは、その数分前にゲームアプリを起動させたスマートフォンを運転席横の

シート上に置いた状態で、自らトラックを運転して建設会社から工事現場に向かって出発し、時折そのスマートフォンの画面を見てはゲームのために必要な操作を繰り返し、横断歩道の約35.3メートル手前で横断歩道の存在及びそのすぐ右方の路側帯上に下校途中の小学生らがいることに気付きながら、対向車両もあったので小学生らが横断歩道を横断することはないものと勝手に決めつけ、横断歩道手前の停止線で停止しようとしないばかりか、ゲームのためにスマートフォンの画面の方に視線を移し、左手の人差し指でその画面に触れて画像を切り替えた上その指を画面上で左右に動かすなどして、約3秒間も前方不注視の状態を続けたため、その後視線を前方に戻した際には横断歩道上を横断歩行していた丁が既に眼前に迫っていて、急ブレーキを掛けたものの間に合わず、トラックを丁に衝突させることになった。

このように、Xは、特に注意すべき時間帯及び場所であって、横断歩道脇に小学生らがいることに気付いていたにもかかわらず、自動車の運転には全く必要のないゲームをするために、前方注視という自動車運転者としての最も基本的な注意義務を怠り、本件事故に至っているのであるから、その過失の態様は非常に悪質といえる。

解説

本件は、犯人が、前方不注視の過失により下校途中の小学生にトラックを衝突させて死亡させた過失運転致死の事案である。本件により生じた結果は9歳の児童の死亡というもので、過失運転致死の中でも被害者1名の事案としては重いものと判断された。

犯人はスピード違反で免許停止処分を受けたことがあるほか、平成23年以降3件の交通違反歴を有していた。また、以前からゲームをしながらの運転を日常的に繰り返し、そのような運転で交通事故が起きた旨の報道を見聞きしたこともあったのに、他人事として捉えてその後も同様の運転を続けていた。交通法規や安全性に対する意識の乏しさが顕著であると評されている。

◆◆ 根拠法条 ◆◆
過失運転致死……自動車運転死傷処罰法5条

サイドブレーキ引き忘れによる死亡事故

横浜地裁横須賀支部平成15年7月16日判決

適用罪名：業務上過失致死
参考文献：裁判所web

ポイント 車両停止措置の確認不備

事案概要

　Iは、本件当日午前8時2分頃、普通乗用自動車を運転して月極駐車場に停止させた際、同車はオートマチック車であったため、セレクトレバーはドライブに設定され、フットブレーキを踏み込んだまま停止した。Iは、降車するに当たっては、車両が不用意に発進しないようにセレクトレバーをパーキングに設定し、サイドブレーキを引いて車両を確実に停止固定させるべき業務上の注意義務があるのに、これを怠った。

　Iは、携帯電話の操作に気をとられて、セレクトレバーをパーキングに設定せず、サイドブレーキを引いて車両を確実に停止固定させる措置をとらないまま、フットブレーキから足を放し、漫然と車両から降車しようとした。このため、車両を発進させ、折から自車前方を歩行中のD（当時4歳）を自動販売機と車両前部で挟圧した。この事故により、Dは脳挫傷等の傷害を負って死亡した。

　Iは、業務上過失致死で起訴された。

判決要旨　有罪（禁錮2年6月・執行猶予5年）

　車両が前方に走行し、衝突した原因について、検察官は「I運転車両が前方に発進した際、あわててブレーキとアクセルを踏み間違えて暴走させた」旨主張する。

　関係証拠によれば、I運転車両の事故地点までの走行距離は、当初停止した地点から約1.4メートルである。オートマチック車のいわゆるクリープ現象によっても、時速約2キロメートルくらいで約2.5秒で到達すること、動き

出したのを認めてからアクセルペダルを踏み込んでも加速の反応を示すのはスタートしてから約2〜3メートルの地点であること、I運転車両は衝突後直ちに停止していることが認められ、Dの外傷の程度や自動販売機の損壊の程度を併せ考慮すると、検察官の主張は認め難く、むしろ、走行・衝突はクリープ現象によるものと推認する。

解説

　本件は、幼稚園教諭である犯人が、幼稚園の園児送迎用のワンボックスカーを運転し、駐車場に到着して園児らが降車した際、サイドブレーキ等を引いて車両を確実に停止させることを怠り、降車しようとしてフットブレーキから足を放したため、車両を前方に走行させ、4歳園児を車両と自動販売機の間に挟み込み、死亡させた事案である。

　本件犯人が降車しようとした理由としては、園児の出迎えをすべき担当教諭がまだ駐車場に来ていなかったので、降車した園児を安全に誘導しようとしたため、としている。しかし、犯人は約5か月前にも園児送迎車両を運転中に同じ原因態様による追突事故を起こしており、園児の事故防止のため注意を払うのは当然であるとして、過失は極めて大きいと判断された。

　クリープ現象とは、チェンジレバーがPやN以外の位置にあるとき、アクセルペダルを踏むことなく、エンジンがアイドリングの状態で車両が動くことをいう。マニュアル車にはみられず、オートマチック車の特徴となっている。オートマチック車では、クリープ現象により、クラッチ接続の操作が不要となり、車両発進も容易となり、坂道発進の際に車両が後退しにくい。ただし、運転者が意識しないまま車両が動き出すこともあり、注意が求められる。

◆◆　根拠法条　◆◆

業務上過失致死……刑法211条1項前段（当時）

42 マイクロバスからの児童転落
さいたま地裁平成21年3月11日判決

適用罪名：自動車運転過失致死
参考文献：裁判所 web

ポイント 車両のセンタードア開放の予見可能性

事案概要

　Kは、少年サッカークラブの指導員であった。Kは、指導する小学校4、5年生の児童を引率して臨んだ遠征試合の帰り道に、自己が運転するマイクロバス（本件車両）に児童24人を同乗させていた。

　本件車両は、センタードアのドアステップ内に立ち入った者の身体が容易にドアレバーに触れてしまう構造となっており、センタードアはドアレバーにさほど大きくない荷重をかけて回転させると開く仕組みになっていた。このような場合、センタードアの施錠又はその開閉装置の「手動」から「自動」への切換を確実に行い、走行中にドアレバーに接触してもセンタードアが容易に開くことのない状態であることを確認してから、車両を発進すべき自動車運転上の注意義務があった。しかるに、Kはこれを怠っていた。

　本件車両が高速道路を走行中、施錠されていないスライド式センタードアが開き、車内のドアステップ内でサッカーボールの上に座っていたE（当時11歳）が高速道路上に転落し、後続車にれき過されて死亡した。

　Kは、自動車運転過失致死で起訴された。

判決要旨 有罪（禁錮1年6月・執行猶予3年）

　Kは、本件車両を運転して発進する際、自手動切換レバーが「手動」に切り替えられたままであるのを失念しており、「自動」に切り替わっていると思い込んでいた。予見可能性は、行為の当時において一般人ならば知り得た事情及び行為者の特に認識していた事情を基礎として、判断すべきである。

> 　Kは、発進直前、別のサッカークラブの監督から手袋の忘れ物があると伝えられたため、外からセンタードアを開けて車内に入り、手袋を児童らに見せて確認し、心当たりのある児童がいなかったことからセンタードアを閉めている。その際のKの状況に置かれた一般人ならば、自手動切換レバーが「手動」に切り替えられたままであって、「自動」に切り替わっていないことを容易に知り得たはずであるから、自手動切換レバーが「自動」に切り替わっていない事実を基礎として、予見可能性を判断することになる。

解説

　本件は、少年サッカークラブの指導員が、児童24人を同乗させたマイクロバスをドア施錠等の確認を怠って発進させた過失によって、高速道路を走行中に施錠されていないセンタードアが開き、開口部から被害児童が路上に転落し、後続車にれき過されて死亡したという自動車運転過失致死の事案である。
　本件車両は、ドアステップの奥行きと幅がいずれも小さい上、ドアレバーがセンタードアから突起するように設置されており、ドアステップ内に立ち入った者の身体が容易に触れてしまう構造であった。また、センタードアは、ドアレバーを時計回りに上方に回転させると開き始め、さらに外側に押すことで車体後方にスライドして開く仕組みであった。加えて、本件車両の走行中は、揺れや振動等によって同乗者が身体のバランスを崩す危険性も高かったと認められた。
　本件車両の特性等からすると、ドアステップ内に立ち入った児童の身体がドアレバーに接触するなどしてセンタードアが開き、開口部から児童が車外に転落することは、十分予見可能であると判断された。そして、走行中の車両から児童が転落すれば、後続の車両にれき過されることもあり得ることである。
　このような点も踏まえ、本判決では、運転者の予見可能性が肯定され、自動車運転上の過失を認める判断が示された。

◆■ 根拠法条 ◆■
自動車運転過失致死……刑法211条2項（当時）

43 走行中のタイヤ破裂と死亡事故
神戸地裁平成21年3月25日判決

適用罪名：自動車運転過失致死傷
参考文献：裁判所 web

ポイント 車両の異常を認識した時の措置

事案概要

Nは、本件当日午前11時8分頃、普通乗用自動車を運転し、自動車専用道路を時速約85キロメートルで進行するに当たり、自車が継続的に異常音及び振動を発し続け、これらの異常を認識した。Nは、直ちにブレーキを的確に操作して自車を路肩に停止すべき自動車運転上の注意義務があるのにこれを怠り、自車左後輪のタイヤが破裂した後も、ハンドル操作に気を取られてブレーキを的確に操作せず、漫然時速約80キロメートルで約100メートル進行した。

この過失により、Nは、自車を右前方に逸走させ、中央分離帯のガードロープ等に衝突させて横転させた。この事故により、同乗者甲（当時54歳）、乙（当時56歳）及び丙（当時71歳）は車外に放出させられ、乙は後方から進行してきた普通乗用自動車にれき過され、3名はいずれも死亡した。さらに、別の同乗者3名も重傷を負った。

Nは、自動車運転過失致死傷で起訴された。

判決要旨 有罪（禁錮3年・執行猶予4年）

　自動車の運転者は、故障その他の理由により本線車道等において運転することができなくなったときは、速やかに当該自動車を本線車道等以外の場所に移動するため、必要な措置を講じなければならない。特に、本件のような自動車専用道路において、時速約85キロメートルの高速度で走行中、自車が継続的に異常音及び振動を発し続けていることを認識した際には、そのままの速度で進行し続ければ同乗者の死傷を伴う事故を惹起するかもしれないこ

とは、当然に予想される。このような場合、上記異常を認識した時点で、直ちにブレーキを的確に操作して自車を走行車線左側の路肩に停止すべき自動車運転上の注意義務がある。

　ところが、Nが、本件衝突地点の手前約264メートルの地点で自車の異常を認識しながら、直ちにブレーキを的確に操作せず、本件衝突地点の手前約150メートルの地点で左後輪タイヤがバーストした後も、ハンドル操作に気を取られ、ブレーキを的確に操作せず、自車を路肩に停止しないで進行し続けた。Nには、注意義務を怠った過失がある。

　本件事故現場の道路状況、ＡＢＳ装着車両であったこと、Nが自車の異常を認識してから本件衝突地点まで進行した距離や所要時間等に鑑みると、Nにおいて、自車の異常を認識した時点で、直ちにブレーキを的確に操作し適切に減速していれば、本件事故を回避することが可能であった。

解説

　本件は、犯人が同乗者6人を乗せた車両を運転し、自動車専用道路を進行中、車両の異常を認識したのに停止せず、タイヤが破裂し、重大事故を引き起こして、3名を死亡させ、3名に重傷を負わせた自動車運転過失致死傷の事案である。

　本件車両は、乗車人員8人のＡＢＳ（アンチロック・ブレーキ・システム）が装着された普通乗用自動車であり、事故当時において制動装置には異常はなかった。ＡＢＳとは、急ブレーキや低摩擦路でのブレーキ操作においてタイヤがロックして横滑りするのを防止する装置であり、急ブレーキを掛けつつ衝突を回避するためのハンドル操作が可能で、通常の制動距離より短い制動距離で停止することができる装置である。

◆◆ 根拠法条 ◆◆

　自動車運転過失致死傷……刑法211条2項（当時）

関連判例　千葉地裁平成5年11月5日判決（判タ846号）

　最大積載量の約4倍となる37トンの山砂を積載した大型ダンプ運転者が、下り坂でブレーキが利かず遮断機を折って踏切内に進入し、電車と衝突し、電車運転手を死亡させ、乗客多数に重軽傷を負わせた事故について、ダンプ運転者が業務上過失致死傷等で有罪とされた事例

駐車場内での暴走事故

静岡地裁浜松支部平成24年9月24日判決

適用罪名：自動車運転過失致死傷
参考文献：LEX／DB 25482911

[ポイント] スーパー店内への暴走と買い物客の死傷事故

[事案概要]

　Hは、本件当日午前11時18分頃、普通乗用自動車を運転し、スーパーマーケットO店駐車場の通路内を駐車可能区画を探しながら進行していた。Hは、通路が別の通路と合流する部分で左折して進行するに当たり、左前方約2.8メートルの通路上に停止車両を認めた。

　Hは、ハンドル、ブレーキを的確に操作し、進路の安全を保持して進行すべき自動車運転上の注意義務があるのにこれを怠り、同車を認めたことに狼狽して、ブレーキペダルを踏み込むところ、間違えてアクセルペダルを踏み込んだ。

　この過失により、Hは、自車を時速15〜20キロメートルで、O店出入口から店内に暴走させた。そして、折しも店内にいたC（当時64歳）に自車左前部を衝突させた上、車底部でれき過して死亡させた。さらに、D（当時65歳）、E（当時63歳）、F（当時58歳）、G（当時89歳）に、順次自車前部を衝突させて店内に転倒させ、傷害を負わせた。

　Hは、自動車運転過失致死傷で起訴された。

[判決要旨] 有罪（禁錮2年6月・執行猶予3年）

　本件事故の原因は、ハンドル、ブレーキを的確に操作するという自動車運転者としての最も基本的な注意義務の違反にある。スーパーマーケットの駐車場内で狼狽し、誤ってアクセルペダルを踏み込み、同店出入口から12メートルほどの位置にまで自車を暴走させたHの過失の程度は大きい。買い物をしていた被害者に落ち度はなく、Hの一方的過失である。

本件の結果は、死亡1名、負傷4名であり、重大である。死亡した被害者（当時64歳）は多くの趣味を持ち、病からの回復に努める夫を支え、子供たちの将来を楽しみにしていたのに、突然の事故によりその命が奪われた。無念の思いを強く抱いて亡くなったものと察せられる。

解説

　本件は、スーパーマーケット駐車場内で自動車の駐車区画を探していた犯人が、別の車両の動向に狼狽し、ブレーキペダルとアクセルペダルを踏み間違い、自動車を暴走させて、スーパー店内に突入させ、店内で買い物をしていた被害者に衝突させた事案である。本件犯人は当時84歳であり、本判決において、本件事故に加齢の影響があったことは否定できない、と判断されている。

　本件犯人には、以前に交通違反歴がある上、その運転技術に多少の過信があったこともうかがわれた。しかし、交通前科を含め犯罪歴はなく、本件事故に至るまで運転に不適格であったことを示すような事情は見当たらなかった。本件事故も操作ミスによるものと認められた。さらに、犯人は罪を認め、自己の操作ミスを悔い、車はもう運転しないと約束している。

　このような点も踏まえ、本判決では実刑で処罰するまでの必要性はないとして、執行猶予付きの有罪判決を下している。

◆◇ 根拠法条 ◆◇
　自動車運転過失致死傷……刑法211条2項（当時）

関連判例　大阪高裁平成14年10月23日判決（判タ1121号）
　30台分の駐車区画がある店舗駐車場の通路において、無免許で酒気帯び運転をした自動車運転者について、不特定多数の人や車両が自由に通行できる場所であり「道路」に当たるとして、道路交通法違反で有罪とされた事例

フリーマーケット会場への暴走事故

千葉地裁平成28年5月10日判決

適用罪名：過失運転致傷
参考文献：WJ

|ポイント| 駐車場から道路へ進行する際の重大な過失

|事案概要|

Vは、本件当日午後0時3分頃、普通乗用自動車を運転し、路外施設駐車場から発進して道路に左折進入するため道路直前で一時停止するに当たり、ハンドル及びブレーキを的確に操作すべき自動車運転上の注意義務があるのにこれを怠り、ブレーキペダルと間違えてアクセルペダルを踏み込んだ。この過失によって、Vは道路直前で一時停止できず、自車を急加速して前方に暴走させた上、道路の反対側駐車場に進入させた。

折から、反対側駐車場内はフリーマーケット会場となっていた。Vは自車を暴走させて、露店施設のイスに座っていたA（当時63歳）に自車を衝突させて、車底部に巻き込んで引きずり、進路前方を歩行中のB（当時60歳）、進路前方に立っていたC（当時62歳）及びD（当時46歳）に、自車を順次衝突させた。

さらに、Vは、駐車中の普通貨物自動車に自車を衝突させ、その衝撃により自車を斜走させ、露店施設の机等に自車を衝突させた。そして、押し出した机等をE（当時50歳）に衝突させて路上に転倒させ、イスに座っていたF（当時73歳）に自車を衝突させた。この結果、Aら6名に重軽傷を負わせた。

Vは、過失運転致傷で起訴された。

|判決要旨| 有罪（禁錮2年6月・執行猶予5年）

Vは、普通乗用自動車を運転し、路外施設駐車場から発進して道路に左折進入するため道路直前で一時停止するに当たり、ブレーキペダルと間違えてアクセルペダルを踏み込んだ過失により、自車を急発進させ、道路を挟んで

反対側にある別の駐車場内に自車を暴走させ、同所で開催されていたフリーマーケットに参加していた被害者や駐車中の車等に次々と自車を衝突させたものであり、自動車運転者としての極めて基本的な注意義務に違反したものといえる。

　本件の結果、被害者6名は重軽傷を負ったものである。うち1名は、症状固定までに約7か月間を要し、後遺症を伴う重い傷害を負っており、生じた結果は重大である。被害者らは、いずれもフリーマーケットに出店ないし来店していた者であり、一切の過失がないにもかかわらず、突如会場内を暴走する車に衝突されるなどしたものであって、同人らの感じた恐怖感と憤りには計り知れないものがある。

解説

　本件は、路外駐車場から道路に自動車を進行させるに当たり、一時停止をしようとした際に、アクセルペダルを間違えて踏み込んで自動車を暴走させて、道路反対側の駐車場内で開催されていたフリーマーケット会場に突っ込んで、多数の被害者を負傷させた事案である。

　犯人は当時71歳の男性で、軽自動車を運転していた。犯人は、任意保険に加入していなかったため、十分な損害賠償がなされていない状況であった。また、犯人は40年以上前の罰金以外にはこれまで前科はなく、交通違反歴もなかった。

◆◆ 根拠法条 ◆◆

過失運転致傷……自動車運転死傷処罰法5条

46 集団登校中の小学生の列への暴走事故
前橋地裁高崎支部平成28年6月27日判決

適用罪名：過失運転致死傷
参考文献：WJ

|ポ イ ン ト| 駐車場内での運転操作の誤りと自動車暴走

|事 案 概 要|

　Pは、本件当日午前7時16分頃、普通乗用自動車を運転し、駐車場において、自車を前進させて駐車枠に駐車するに当たり、安全に駐車すべく適宜速度を調整し、ハンドル・ブレーキを的確に操作すべき自動車運転上の注意義務があるのにこれを怠り、ブレーキペダルと間違えてアクセルペダルを踏み込んだ。

　この過失により、Pは自車を時速約30キロメートルに急加速させて、同駐車場北側の植え込みを乗り越えて、道路に進出させた。Pは、折から歩行中であったA（当時7歳）に、自車を衝突させて路上に転倒させた。さらに、歩行中のB（当時7歳）に、自車を衝突させて路上に転倒させ、車底部に巻き込んで引きずった。この衝突事故により、Aは加療約7日間を要する両膝打撲擦過創の傷害を負い、Bは両肺挫傷等の傷害を負って死亡した。

　Pは、過失運転致死傷で起訴された。

|判 決 要 旨| 有罪（禁錮3年・執行猶予4年）

　本件の注意義務は、自動車運転者として基本的な注意義務であり、一旦、アクセルペダルをブレーキペダルと誤認して操作してしまうと、車両が意図とは正反対に加速し、心理的動揺によって誤認から解放されないまま、減速、停止させようとして更にアクセルペダルを踏み込んで車両を急加速させる事態を引き起こすから、厳格な遵守が必要である。

　ましてや、本件当時、本件駐車場に接する道路を小学生が集団登校中であり、Pもそれを認識していたのであるから、遵守の必要性はより大きかった

といえ、Ｐの過失は大きい。被害者両名に落ち度はなく、Ｐの過失は一方的である。

|解|説|

　本件は、駐車場内で自動車を駐車しようとしていた犯人が、ブレーキと間違えてアクセルペダルを踏み込んで自動車を暴走させ、近接道路の路側帯を集団登校していた小学生の列に突っ込んで、死傷事故を引き起こした事案である。
　犯人は73歳男性であり、交通違反歴はこれまで信号違反が１件あるだけで、日頃の運転態度に問題があったとは認められなかった。また、当時、注意力を低下させるような事情が発生していたとも認められていない。その意味では、本件注意義務違反は偶発的、機械的なものにとどまると判断された。
　このような点も踏まえ、本判決では、被害者らの処罰感情は相当厳しいが、死者１名の過失運転致死傷罪としては犯情は特に悪質であるとまではいえないとして、執行猶予付きの刑に処している。
　高齢運転者の多くは、長年自動車の運転を継続している。しかし、年齢とともに視力や体力、記憶力や判断力など身体機能が変化し、若いときと同じではなくなっている。このような加齢に伴う身体機能の変化を理解した上で、安全運転を続けることが求められている。
　現在、70歳以上の運転免許保有者には、免許証更新時に「高齢者講習」を受講することが義務付けられている。また、75歳以上の場合には、高齢者講習及び認知機能検査を受けることが義務付けられている。このうち、認知機能検査は、記憶力や判断力等の認知機能を簡易な方法で調べる検査であり、その結果に応じて高齢者講習や医師の診断、安全運転指導等が行われる。さらに、医師の診断により認知症と認められた場合、運転免許の停止又は取消しが行われる。

◆◇◆ 根拠法条 ◆◇◆
過失運転致死傷……自動車運転死傷処罰法５条

対向車線へのはみ出し事故

大阪地裁平成13年10月11日判決

適用罪名：業務上過失傷害
参考文献：裁判所web

|ポイント| 事故現場の客観的状況等からのはみ出しの判定

|事案概要|

　Lは、本件当日午後7時18分頃、業務として普通乗用自動車を運転し、道路を時速約60キロメートルで進行するに当たり、指定最高速度（50キロメートル毎時）を遵守するのはもとより、同所は左方に緩やかに湾曲していたのであるから、前方左右を注視し、ハンドルを的確に操作して進路を適正に保持しつつ進行すべき業務上の注意義務があった。

　しかし、Lはこれを怠り、運転席左側の小物入れに注意を奪われ、前方左右の注視を欠き、的確なハンドル操作をせず、漫然進行した。この過失により、Lは自車が対向車線にはみ出していることに気付かず、折から対向進行してきた甲（当時53歳）運転の普通乗用自動車前部に、自車前部を衝突させた。この衝突事故により、甲は加療約86日間を要する左小指骨折等の傷害を負った。

　Lは、業務上過失傷害で起訴された。公判において、弁護人は、Lは脇見をせず前方を注視して車を運転し、自車線内を走行していたもので、事故は相手方車両の方がセンターラインを越えてはみ出してきた結果起こったものである、などと主張した。

|判決要旨| 有罪（懲役6月）

　本件事故により、L車及び甲車双方のラジエターが破損し、水漏れが生じている。L車の走行車線上の路面には水漏れの痕がなく、水で濡れているのは甲車走行車線上の路面に限られ、しかも、実況見分調書に添付された交通事故現場見取図記載のとおり、甲車からの水漏れ痕はセンターラインに平行

して北から南に向かってしばらく続き、やがてゆるやかに西方に向きを変えながら、水漏れ開始地点からセンターライン沿いに計測して約15.3メートル続いているのに対し、L車からの水漏れ痕の方はセンターラインに沿うことなく、交差する線上に短い距離で残されているにすぎない。

　これら水漏れ痕は、衝突後押し戻された甲車及び衝突後甲車を押し戻して進んだL車双方の衝突後の移動経路を示すものと考えられる。これによると、衝突地点において、甲車は甲車走行車線上をセンターライン沿いに走行していたものであり、一方のL車の方はセンターラインを越えて甲車走行車線内に進入してきたことを強く推認させる。

　これら本件事故現場の客観的状況、事故直後の甲及びL双方の言動、甲の目撃証言等を総合すると、L車の方がセンターラインを越えて甲車走行車線内に進入したことから本件事故が起こったことは明白である。

解説

　本件は、タクシー運転手が、緩やかに湾曲しているとはいえ見通しも良好な幹線道路上で、制限速度を超過しつつ脇見運転をした結果、車両を対向車線に進出させて、同車線上を走行してきた被害車両に衝突させた事案である。

　本件犯人はタクシー運転手という職業運転者であったが、自動車運転者として最も基本的な注意義務を怠った結果、対向車両を運転していた被害者に重傷を負わせた。

　犯人は、病院で本件事故による頭部等の負傷の手当てを受けた後、警察署に出頭し、係官に本件事故の状況を説明している。その際には、運転席左側にあるコンソールボックスに入れていた小銭入れや老眼鏡のことが何となく気になり、顔を左下に向けて脇見をしたため、自車がセンターラインを越えて対向車線内に進入し、被害車両と衝突した旨、自ら図面を書いて図面に基づき原因を含めて具体的に説明していた。

◆◆ 根拠法条 ◆◆
業務上過失傷害……刑法211条前段（当時）

48 高速道の路面凍結とスリップ死亡事故

横浜地裁平成13年11月2日判決

適用罪名：業務上過失致死
参考文献：裁判所web

ポイント 路面状況を無視した高速道路走行

事案概要

　Qは、本件当日午前5時35分頃、普通乗用自動車を運転し、首都高速道路を進行するに当たり、路面は前夜の降雪等のため凍結していて、車輪が滑走しやすい状態であった上、湾曲する下り坂で進路前方の見通しがきかなかったため、あらかじめ十分に減速し、進路の安全を確認しながら進行すべき業務上の注意義務があるのにこれを怠り、漫然時速約50キロメートルで進行した。

　Qは、事故のため停止中の車両を前方約62メートルの地点に認めて、急制動の措置を講じたが間に合わず、自車を左斜め前方へ滑走させた。そして、折から道路左端へ避難した戌（当時35歳）に、自車を衝突させた。この衝突事故により、戌は約17メートル下の道路に転落し、内臓破裂等の傷害を負って死亡した。

　Qは、業務上過失致死で起訴された。

判決要旨　有罪（禁錮1年・執行猶予5年）

　本件事故当時、みなとみらいインターから東京寄りの路面はかなり凍結していて、通常の状況で走行するのは困難で危険な状態であったものと推測される。したがって、Qがノーマルタイヤのまま時速50キロメートル程度の速度による通常走行をしたことは、当時の路面状況を無視した安全運転に反する運転行為といえる。

　弁護人らは、路面凍結についての予測が不可能であった旨主張する。しかし、前日に雪が深夜まで降っていたこと、事故当時はまだ日が昇らず、雪が解ける状態ではない気象状況だったこと、Qの家付近には雪が無いとしても、

少なくともみなとみらいインターあたりから、「要注意」の路面状況に変化していたこと、Qが事故現場に至るまでの道筋に2か所の道路表示情報板に「路面凍結箇所あり、走行注意」の表示がなされていたことが認められる。これらによれば、いずれQが路面の凍結箇所に遭遇することは十分予測でき、そうした予測をすべきであった。Qには、本件事故につき業務上の注意義務違反が存在しており、その弁解は理由がない。

解説

　本件は、犯人が、雪の降った翌日に、残雪の存在とタイヤがスリップする可能性につき留意せず、不用意な運転をして自車をスリップさせ、被害者がたまたま道路に降り立っていて路肩に避難したが、操縦の自由を失った車両が被害者に衝突し、約17メートル下の一般道に転落させて即死させた事案である。

　本件における自動車運転者の注意義務としては、前夜来の気象状況と運転時刻を前提に自車がノーマルタイヤであったことも考慮して、高速道路走行に際してはもっと注意深く運転すべきであり、路面凍結状況を予測してそれに対処するめ安全運転すべきであった。その確実で効果的な対応としては、車両がノーマルタイヤなので速度を極力抑えるという運転行為をとるべきであった。

　弁護人らは、高速道路に車両が停止していること、人が降り立っていることは予測できないと主張していた。無論、高速道路上において自動車の停止や車両から降り立つことは禁止されているが、実際には故障とか事故とかで停止車両があることはそれほどまれなことではなく、通常の予測の範囲内である。また、高速道路を人が歩いていることは通常は予測できないともいえるが、停止車両がある以上予測不可能ではなく、ありえないことではない、と判断された。

◆◆ 根拠法条 ◆◆

業務上過失致死……刑法211条前段（当時）

49 車両による店舗外壁損壊

大分地裁平成23年1月17日判決

適用罪名：酒気帯び運転、過失建造物損壊
参考文献：裁判所 web

ポイント 道路以外の場所での事故

事案概要

Rは、酒気を帯び、呼気1リットルにつき0.15ミリグラム以上のアルコールを身体に保有する状態で、コンビニエンスストアC店駐車場まで普通乗用自動車（軽四）を運転した。

Rは、本件同日午前5時5分頃、C店駐車場の駐車枠から後退して発進するに当たり、シフトレバーを的確に操作して同レバーをリバース（後退）に入れたのを確認してから後退すべき業務上の注意義務があるのに、漫然とこれを怠った。Rは、シフトレバーを的確に操作せず、同レバーをドライブに入れたのに気付かないまま、アクセルペダルを踏んで時速約20キロメートルで発進した。

その過失により、Rは自車を前方に暴走させ、店舗に自車を衝突させ、店舗外壁を凹損した（損害見積額約20万円相当）。さらに、Rは、車両を運転中、上記交通事故を起こしたのに、その事故発生の日時及び場所等法律の定める事項を、直ちに最寄りの警察署の警察官に報告しなかった。

Rは、酒気帯び運転、過失建造物損壊、事故不申告で起訴された。公判において、弁護人は、本件事案は道路における車両等の交通に起因する事故とはいえないので無罪である、などと主張した。

判決要旨 有罪（懲役5月）

過失建造物損壊罪について、道交法116条は、車両等の運転者が業務上必要な注意を怠り、又は重大な過失により他人の建造物を損壊したときは、6月以下の禁錮又は10万円以下の罰金に処すると規定している。

ここで、過失建造物損壊罪にいう運転者とは、道交法2条1項18号に「当該車両等の運転をする者」とされている運転者のことであり、必ずしも現実にその車両等を運転している状態にある者ばかりでなく、その車両等を運転していた者が、一時その運転を止め、更にその車両等を運転することとなる者も含まれている。
　そうすると、道路上を運転進行中でなくても、駐停車中の車両等が運転者の過失により暴走したり、炎上したりして、建造物を損壊したときには、過失建造物損壊罪の成立を認めてよいと考える。道路における車両等の交通に直接起因する事故でなくても、過失建造物損壊罪は成立する。

解説

　本判決では、本件で起訴された公訴事実のうち、コンビニエンスストア駐車場内での酒気帯び運転と事故不申告については、無罪と判断された。
　その理由として、道交法上、酒気帯び運転は道路上でなされたものでなくては処罰対象とならないが、本件駐車場所は駐車区画であって車輪止めが設けられており、物理的に自動車の通行はできず、不特定多数人が通行する場所でもないことから、道路には該当しない。本件では、車両は道路側へ発進したものではなく、車輪止めを乗り越えてコンビニエンスストア建物外壁に衝突させたので、酒気帯び運転の故意があっても道交法違反とはならない、と判断された。
　また、事故不申告についても、道交法上の事故の報告を怠ったものではないので、道交法違反とはならないと判断された。

◆◇◆ 根拠法条 ◆◇◆

酒気帯び運転……道交法65条1項、117条の2の2
過失建造物損壊……道交法116条

▶関連判例　東京高裁平成17年5月25日判決（判時1910号）
　　コンビニエンスストアの駐車区画に駐車しようとした運転者が、車両を後退させる際に車輪止めに座っていた中学生に衝突して負傷させた事案について、自動車の交通に起因するものではないとして、救護・報告義務違反罪の成立を否定した事例

雪の高速道路での速度調節義務

名古屋高裁金沢支部平成24年9月11日判決

適用罪名：自動車運転過失致死
参考文献：LEX／DB 25482627

ポイント 高速道路の雪道における危険性の認識

事案概要

Wは、本件当日午前2時27分頃、大型貨物自動車を運転して、高速道路を進行中、進路前方に交通事故（先行事故）を起こして停止中の乙が運転する普通貨物自動車を、その手前約42.8メートルの地点で発見した。

Wは、急制動の措置を講じたものの間に合わず、自車を乙車に衝突させて、自車を更に左前方に進出させた。その折、乙車から降車して路外に退避しようとしていた丙（当時39歳）がいた。Wは、自車を丙に衝突させて、右前輪で丙の胸部をれき圧した。この事故により、丙は血気胸等の傷害を負って死亡した。

Wは、自動車運転過失致死で起訴された。1審は、Wの速度調整義務（時速35キロメートルへの減速義務）違反の過失を認定して、有罪とした。Wは控訴し、過失があると事実誤認されたなどと主張した。

判決要旨 控訴棄却

本件事故現場付近の高速道路では、雪のため、上下線とも可変式速度規制標識により最高速度時速50キロメートルの臨時交通規制がされていた。上記臨時交通規制は、Wが走行している高速道路下り線においては、設置されている可変式速度規制標識に表示されて通行車両の運転者に告知されていた。また、本件事故発生前後にわたり、雪のため、普通タイヤ車の通行禁止規制（チェーン規制）もされていた。

このような道路状況の道路を通行する自動車の運転者は、臨時速度規制の最高速度である時速50キロメートルを遵守するのはもちろん、さらに、具体

的な道路状況に合わせ、進路上に存在する事故車両や落下物等といった障害物の視認可能距離に応じ、障害物を発見した際にブレーキ操作等によって衝突を回避できる程度に自車の速度を適宜調整して進行すべき注意義務（速度調節義務）がある。

　関係証拠によれば、Ｗは、前記道路状況を認識していたと認められ、本件事故現場に至るまでの走行状況から、スタッドレスタイヤを装着している自動車であっても滑走する危険性を認識していたと認められる。Ｗが、本件事故発生当時の道路状況について予見不可能であったとはいえない。

解説

　本件事故現場は、高速道路であるが、付近には街灯設備がなく夜間は暗い状況であった。本件事故当時、事故現場付近は雪が降って路面に薄く積もり始めており、これが通行車両によって圧雪され凍結しているところもあって、事故の起こりやすい路面状態となっていた。そのため、道路管理会社は、除雪用の大型特殊自動車（除雪車）を出動させ、除雪作業を行わせていた。

　本件事故当時は、除雪車の後方には、後方から進行してくる車両に対し、除雪車が低速作業中であることを告げて事故等を防止するため、除雪後方警戒車両（後方警戒車）が配置され、電光表示パネルに「作業中」と表示した上、パネル上の黄色の回転灯を点灯させていた。

　先行事故を起こした車両は、前方で作業中の除雪車を追い抜くため、追越車線を走行していたところ、ハンドル操作を誤り、中央分離帯のガードレールに衝突して、追越車線と走行車線をまたぐように斜めになって停止していた。

　このような状況において、本件車両は、時速約90キロメートルで走行しており、そのまま進行して死亡事故を招いた。

◆◇◆　根拠法条　◆◇◆

　自動車運転過失致死……刑法211条2項（当時）

51 ドリフト走行による重大事故
大阪高裁平成27年7月2日判決

適用罪名：自動車運転過失傷害
参考文献：判タ1419号

ポイント 危険運転に匹敵するような危険な運転方法

事案概要

　Sは、本件当日午前7時53分頃、普通乗用自動車を運転して三差路交差点を北から東に向かい左折進行するに当たり、後輪を滑らせながらドリフト走行をしようとした。Sは、交差点入口付近でいったん時速20～30キロメートルに減速して、セカンドギアに入れ替え、左に急ハンドルを切るとともに、アクセルペダルを踏み込んで急激に後輪の回転数を上げ、後輪を路面に滑らせて車体を回転させ、自車を走行車線を越えて反対車線まで進出させた。
　そのため、S車両は暴走して歩道に乗り上げ、歩道を歩行中の小学生5名に衝突し、それぞれに傷害を負わせた。
　Sは、危険運転致傷（制御困難高速度類型）で起訴された。1審は、急加速という速度的な要因と急ハンドルを大きく切ったという運転操作の要因が複合して車両が制御不能となって本件事故が生じたと判断し、高速度で走行した故に本件事故が生じたとは認められないとして、自動車運転過失傷害の成立を認めて、Sを有罪（懲役1年6月以上2年6月以下）とした。検察官が控訴した。

判決要旨 控訴棄却（上告の後に上告棄却）

　本件事故は、Sが本件交差点でドリフト走行しようとして、クラッチペダルを踏むなどして減速しながら交差点に近づき、交差点入口手前でギアを2速に入れ、クラッチペダルを踏んだままアクセルペダルを踏み込んでエンジンの回転数を上げてから、左に急ハンドルを切り、アクセルペダルを踏んだままクラッチペダルから足を放してクラッチをつなぎ、後輪を右に滑らせて

から素早くハンドルを右に切るという、通常の運転方法からかけ離れた特殊な運転操作をして、交差点を素早く直角的に左折しようとしたが、その操作の時期や程度を誤って車両を制御不能の状態に陥れ、暴走させて引き起こしたものと推認される。

　S車両の制御が不能になったのは、Sが特殊な運転方法をあえて選択し、その運転操作を誤ったことに起因する。したがって、原判決が、S車両が高速度、すなわちハンドルやブレーキ操作のわずかなミスにより自車を進路から逸脱させて事故を発生させることになると認められるような速度で進行したが故に本件事故が生じたと認めるには、なお合理的な疑いが残るとした判断は、正当として是認できる。

|解|説|

　本件では、いわゆるドリフト走行により傷害を伴う交通事故が発生したが、その運転者に危険運転致傷罪を問うことができるかが問題とされた。
　本判決では、ドリフト走行をするため、あえて重大な危険を生じさせるような運転操作を行った場合、車両速度の点のみを切り離して「高速度走行」といえるためには、当該車両が制御不能に陥った主たる原因が速度の点にあったことを要する、と判断している。本事案では、車両の制御不能の理由は特殊な運転方法の選択とその運転操作を誤った点にあると判断し、危険運転には当たらないと判断されている。
　なお、本判決では、本件のようなドリフト走行や特殊な運転方法が、それ自体危険運転行為に匹敵するような極めて危険なものであることは明らかであるが、そのような運転方法は危険運転行為とは法律上規定されていないため、罪刑法定主義の見地から危険運転致傷罪に問うことはできない、と判示している。

◆◈◆　根拠法条　◆◈◆
自動車運転過失傷害……刑法211条2項（当時）

52 酒酔い運転中の積み荷落下による重大事故

静岡地裁平成13年10月26日判決

適用罪名：酒酔い運転、業務上過失致死傷
参考文献：裁判所 web

ポイント　積み荷散乱により引き起こされた重大事故

事案概要

　Zは、酒気を帯び、アルコールの影響により正常な運転ができないおそれがある状態で、東名高速道路下り線において大型貨物自動車を運転した。

　Zは、大型貨物自動車に白色粉末状のタルク15キログラム入り紙袋900個を積載して、東名高速道路下り線を時速約100キロメートルで進行中、そのころまでに飲んだ酒の酔いが高じて、運動神経失調に陥って的確な運転操作が困難となり、車両を左右に蛇行させ、積み荷38袋を路上に落下させた。

　落下した袋の内容物のタルクは霧状に飛散し、折から後続進行してきた10台の車両の視界を遮るなどして衝突事故を惹起させ、死傷者多数（1名死亡、11名重軽傷）を生じさせた。

　Zは、業務上過失致死傷及び道交法違反（酒酔い運転）で起訴された。

判決要旨　有罪（懲役4年）

　Zは、午前4時過ぎ頃東名高速道路に入り、なおも時折焼酎のラッパ飲みをしていたものの、酒の酔いが心地よいものではなくなり、頭がぼうとした。午前5時過ぎには、酔いの程度はますます深まり、目をはっきりと開けていられなくなり、頭もくらくらするなどの運動神経失調状態に陥り、蛇行運転や不合理な加速・減速を繰り返すようになり、後続運転車両の運転者にもその異常な走行状況が明らかになるほどであった。

　このような中で、もともとずさんかつ不十分な固縛しかしていなかった積み荷が徐々に荷崩れを起こし始めていたにもかかわらず、Zはその危険性に

思いを致すことなく、「早く目的地に行って、家でゆっくりしたい」などと考えて運転を中止せず、午前5時57分頃、タルク38袋を落下させた。

　本件業務上過失致傷は、Ｚにおいて、運転をしながら飲酒を続けて高度な酩酊状態に陥り、正常な運転ができないおそれがあったのに、そのまま運転を継続したため、荷崩れを起こした積み荷を高速道路上に落下させ、その内容物であるタルクを大量に飛散させて霧状に拡散させ、その結果後続車両の視界を奪うなどして引き起こしたものであって、自動車運転手としての最も基本的な注意義務に反する重大かつ危険な過失に起因しており、強い非難を免れない。

解説

　本件は、犯人が、大型貨物自動車を運転して高速道路を走行中、酒酔い運転をし、その際に積載していたタルクを落下させて霧状に飛散させ、後続車両の視界を遮るなどして、玉突き衝突事故を惹起した業務上過失致死傷事案である。

　犯人は大型貨物自動車の職業運転手であるが、以前から長距離輸送に従事した際に安易に飲酒する習慣があった。本件当日も、午前2時頃に茨城県内の工場でタルク（鉱石を微粉砕した粉末）900袋を積載して運転を開始したが、直ちに食料品等とともに焼酎1本及び缶入り水割りウイスキー1缶を買い込み、その場でウイスキーの大半（310ミリリットル）を飲み干し、焼酎についても断続的にラッパ飲みを繰り返し、900ミリリットル入り瓶の約半分を飲むなどしていた。

　本件により、東名高速道路を走行中の被害車両10台を玉突き衝突事故に巻き込み、11名に傷害（うち重傷者1名）を負わせただけでなく、被害者1名の生命を奪ったという重大な結果が生じている。また、本件事故復旧作業等のために東名高速道路が約4時間にわたって通行止めになるなど、大きな社会的影響があった。

◆◆ 根拠法条 ◆◆

　酒酔い運転……道交法65条1項、117条の2
　業務上過失致死傷……刑法211条（当時）

53 トラックの死角と注意義務
高松高裁平成14年3月12日判決

適用罪名：業務上過失致死
参考文献：裁判所 web

ポイント 車両の死角と不可抗力の抗弁

事案概要

　Jは、本件当日午後3時7分頃、道路右側に停車させていた大型貨物自動車を運転し、前方やや左に発進させるに当たり、同所付近は住宅地で店舗等もあり、付近道路や空き地が幼児等の遊び場となっているのを知っていたのであるから、乗車前、自車周辺の安全を確認し、幼児を認めれば安全な場所に避譲させるとともに、発進するに当たっては直接ないしミラーを介して前方左右を注視して進路の安全を十分確認しながら発進すべき業務上の注意義務があった。

　Jは、これを怠り、乗車前、自車周囲の安全を確認せず、左直前の安全不確認のまま時速約3キロメートルで発進した。この過失により、折から自車左直前で補助車付き自転車に乗車していたE（当時4歳）に気付かず、自車左前部を接触転倒させて、左前輪でれき過した。この事故により、Eは死亡した。

　Jは、業務上過失致死で起訴された。1審は、Jを有罪とした。Jは控訴し、本件は大型貨物自動車の死角に伴う不可抗力の事故であるため過失はない、などと主張した。

判決要旨 原判決破棄・有罪（禁錮6月）

　四輪の自動車においては、その構造上一定の範囲の死角が存することは避けがたい。自動車運転者は、乗車する前には死角内の人の有無を確認し、人がいれば安全な場所に避譲させて乗車し、発進の際には死角から人が進行してくる可能性に十分に留意し、肉眼により直接又は車両に取り付けられている各種ミラー等を通して間接に、前方左右を注視しながら発進すべき業務上

の注意義務を負っている。
　Jは、死角内に幼児がいることや、死角から幼児が進行してくることが十分考えられる本件現場において、左方部分に死角が生じる加害車両を自ら不適切にも道路の右側部分に駐車した上、死角から幼児が進行してきた場合にこれと衝突する可能性が高い前方やや左側に向けて加害車両を発進させた。このような場合に死角から幼児が進行してくることについては、Jに高い予見義務があった。

解説

　本件の加害車両は大型貨物自動車であって、その左側には死角があった。特に、本件犯人は、助手席に床から高さが0.6〜0.7メートルのシート等を載せていたため、助手席ドア中央に設けられていた安全窓は使用できない状況にあった。
　本件事故では、被害幼児が加害車両の死角から進行してきた可能性は否定できないものの、自動車運転者は乗車前に死角内の人の有無を確認し、発進時には死角から人が進行してくる可能性に十分に留意し、前方左右を注視しながら発進すべき業務上の注意義務があると判断された。
　本判決では、弁護人らによる当該車両の死角による不可抗力の抗弁を退け、自動車運転者の注意義務を認める判断を示した。すなわち、大型貨物自動車には広い死角が存し、死角から人が進行してきた場合には、運転者としては避けようがないから運転者には過失がない旨の抗弁に対し、人が死角から進行してきた場合には常に運転者の過失が否定されることになれば、自動車運転者としての注意義務を果たしていることにならない、と判断された。

◆◇◆ 根拠法条 ◆◇◆
　業務上過失致死……刑法211条前段（当時）

関連判例　東京地裁平成12年5月23日判決（判時1714号）
　砕石を積載していた大型トラック運転手が、横断歩道上で一時停止した後に発進する際、車体周囲に広範囲の死角が生じていたため小学生をれき過して死亡させた事案について、業務上過失致死で有罪とされた事例（片山君事件）

タイヤ脱落による重大事故

静岡地裁平成21年2月26日判決

適用罪名：過積載運行、自動車運転過失致死傷
参考文献：裁判所 web

ポイント 日常点検不備により引き起こされた重大事故

事案概要

Tは、大型貨物自動車の運行を開始するに当たり、日常点検を行わず、タイヤとホイールハブの締結に用いるボルト8本のうち2本が破断していることを確認しないまま、漫然車両を発進させた。

Tは、本件当日午前11時8分頃、東名高速道路を時速約80キロメートルで進行中、ボルトを順次破断させてタイヤ外側車輪を脱落逸走させ、折から反対車線を進行してきたD運転の大型乗用自動車のフロントガラスに車輪を衝突させて、D車をガードレールに衝突させた。この事故により、Dは脳挫傷により死亡し、D車に同乗していた3名は傷害を負った。

Tは、本件事故に先立ち、6回にわたって、大型トラックに最大積載量を大幅に超えるがれき等を積載して運転を行っていた。

Tは、自動車運転過失致死傷及び道交法違反で起訴された。

判決要旨 有罪（禁錮1年8月・罰金20万円）

Tは、10年以上のキャリアを有する職業運転手でありながら、日常点検を全く行わず、点検を行いさえすれば一般ドライバーでも容易に分かるボルトの破断を看過したもので、職業運転手に課せられた基本的な注意義務に違反した。

弁護人は、Tが目視での点検は行っていた旨主張し、破断は外見上一見して判明する程度ではなかった旨主張している。しかし、T自身、足回りの点検は「タイヤを蹴ったりとか、そういう程度で済ませてしまった」旨述べて

おり、Tの行っていた目視とは、タイヤを蹴る際に一瞥する程度のものであって、到底点検と評価し得るものでなかった。タイヤを目視によって点検すれば、破断を十分発見し得たことは明らかである。
　鑑定書によれば、ボルトは、破断後6か月が経過していたというのであり、その間、ただの一度でも日常点検を行っていれば本件事故は防ぎ得たことが明らかである。

解説

　犯人は産業廃棄物の収集・運搬・処分等を目的とする会社の従業員であり、業務用車両である大型貨物自動車を運転していた。運送事業用車両を運行する者は、道路運送車両法等に定められた日常点検基準にのっとり、目視及び点検ハンマ等により車両ボルトの破断の有無等を点検し、装置が運行に十分堪え通行人その他に危害を加えるおそれがない状態か否かを確認した上で、運行を開始すべき自動車運転上の注意義務がある。
　犯人は、平素より超過率140～200パーセントという過積載運行を常習的に繰り返し、犯行を隠ぺいするため、10トントラックに積んだがれき類をパワーショベルで何度も激しく叩くなどしていた。車両にかかる負荷は、通常のそれに比べて相当大きかったものと推認できる。
　実際、以前にも運転車両のタイヤボルト8本中3本が折れ、ナットがなくなる事態に遭遇したことがあった。ボルトの破断の有無を確認すべき義務は、通常の職業運転手以上に強く要求されていた。

◆◇◆ 根拠法条 ◆◇◆

過積載運行……道交法57条1項、118条1項、施行令22条2号
自動車運転過失致死傷……刑法211条2項（当時）

▶関連判例　最高裁平成24年2月8日決定（判タ1373号）

　大型トラックのタイヤが脱落し、歩道上にいた母子3人に衝突し、母親が死亡し、2人の乳幼児が負傷した事故に関連して、トラック製造会社の品質担当責任者が業務上過失致死傷罪で有罪とされた事例

55 積載コンテナ落下による重大事故

名古屋地裁平成25年9月5日判決

適用罪名：自動車運転過失致死傷
参考文献：裁判所 web

ポイント 大型トレーラ運転者の注意義務

事案概要

Hは、本件当日午前11時40分頃、フラワーポット在中のコンテナ（総重量約23トン余）を積載するトレーラをけん引した大型貨物自動車を運転し、前方が右に湾曲している道路の第2車両通行帯を進行していた。

Hは、コンテナ横転防止のためトレーラ前部に取り付けられたロックピン2本及びツイストロック2本によりコンテナをトレーラに確実に緊締するとともに、適宜速度を調整して進行すべき自動車運転上の注意義務があるのにこれを怠り、ロックピン2本によるコンテナの緊締がされていない状態のまま、漫然時速約48キロメートルで進行した。

Hは、右に旋回中、コンテナを、折から第1車両通行帯を進行中の普通乗用自動車の上に横転させて、同車を押し潰した。この事故により、運転手A（当時41歳）及び同乗者B（当時64歳）は死亡し、同乗者C（当時39歳）は加療約530日間を要する肺挫傷等の傷害を負った。

Hは、自動車運転過失致死傷で起訴された。

判決要旨 有罪（禁錮3年6月）

本件事故は、Hが本件車両の運転に当たりトレーラとコンテナとをロックピンを確実に緊締し、又は、本件現場道路の最後の右カーブを漫然と時速約48キロメートルで走行するのではなく、ロックピンが緊締されていなくてもコンテナが横転しないような速度に調整して走行していれば、回避できた。

同種車両の運転に長年従事してきたHにおいても、本件現場道路のような

カーブを進行する際には、コンテナの横転を防止するため慎重に速度の調整をする必要があり、運転上の違和感からロックピンが緊締されていないことは当然気付くはずであるから、横転を未然に防止するに足りるような慎重な速度調整が求められることも、十分認識できた。

それなのに、Hは漫然と時速約48キロメートルで本件現場道路を進行して、本件事故を惹起した。速度調整の点についても、Hの注意義務違反すなわち過失が認められる。

解説

コンテナを積載したトレーラをけん引する大型貨物自動車の運転者には、道路の交通安全確保等の観点から、積載物であるコンテナの転落（横転）防止のため必要な措置を講ずべき一般的義務がある（道交法71条4号）。

本件のような車両においては、運転者は、ロックピン及びツイストロックの確実な緊締を行い、それを確認した上で車両の運転を開始すべき自動車運転上の注意義務がある。これを看過して車両運転を行った際には、過失が認められることとなる。

本件車両は、20トンを超える貨物を収納した最大級の海上コンテナを積載していた。本件犯人は、大型貨物自動車の職業運転手として40年近くのキャリアを有し、その運転経験からすると慎重な注意深さを期待されていた。それにもかかわらず、本件犯人はロックピンでコンテナが緊締されていないことを看過したまま本件車両の運転を開始し、本件現場道路のカーブを速度に留意することなく進行し、コンテナを横転させて、被害車両を巨大なコンテナの下敷きとして押し潰すという悲惨な事故を惹起した。

◆◆ 根拠法条 ◆◆
自動車運転過失致死傷……刑法211条2項（当時）

▶関連判例 名古屋高裁平成2年7月17日判決（判タ741号）
大型トレーラで踏切を横断進行しようとしたが、途中で遮断機の棹が降下して引っ掛かったため、車両を踏切内で停止させたところ、電車と衝突させて多数の負傷者が生じた事故について、トレーラ運転手が業務上過失致死傷等で有罪とされた事例

56 過労運転による重大追突事故
津地裁平成15年1月29日判決

適用罪名：業務上過失致死傷、過労運転
参考文献：裁判所 web

ポイント 過労による前方不注視が原因となった多重事故

事案概要

　Yは、本件当日午前5時43分頃、業務として大型貨物自動車を運転して、高速道路を時速100〜110キロメートルで進行するに当たり、長距離運転等の疲労により眠気を催して前方注視が困難な状態となっていた。このため、直ちに運転を中止し、眠気を解消させた後に運転を再開すべき業務上の注意義務があるのにこれを怠り、漫然と運転を継続した過失により、仮睡状態に陥った。

　Yは、折から渋滞により高速道路の走行車線上を減速走行していた甲（当時53歳）運転の普通貨物自動車（軽四）を、前方約15メートルの地点に至って初めて発見し、急制動の措置を講じるとともにハンドルを右に切ったが及ばず、自車前部を甲車後部に追突させた。この追突事故により、甲車は前方に押し出され、その前方に停止していた乙（当時41歳）運転の普通乗用自動車に追突した。

　Yは、さらに自車を追越し車線に進出させて丙運転の大型貨物自動車側面に接触させ、自車を再度走行車線に進出させて、前方に停止していた丁（当時56歳）運転の普通貨物自動車（軽四）後部に追突させた。丁車は前方に押し出され、停止していた戊運転の大型貨物自動車に追突し、丁車の燃料タンクを損壊させてガソリンを流出させた。そして、そのガソリンが引火したため、追突された車両が次々と炎上し、丁車運転手ら5名が焼死し、6名が重軽傷を負った。

　Yは、業務上過失致死傷及び道交法違反（過労運転）で起訴された。

判決要旨　有罪（懲役5年）

　Yは、本件当日午前5時頃、営業所を出発してから本件事故を起こすまで

の約73時間の間、断続的に合計17時間程度の仮眠・休憩を取っただけで運転業務を継続していた。
　それまでも同様の業務に就いていたため、その疲れも重なり、東名阪自動車道の走行車線を走行中、2回にわたり仮睡状態となり、運転車両を追越し車線に進出させるなど正常な運転が困難な状態になっていたにもかかわらず、その後も運転を継続し仮睡状態となった結果、本件事故を招いた。
　Yが、自己が正常な運転を行い得ない状態にあることを認識しながらあえて運転を継続し、本件事故を招いた過失は極めて大きい。

解説

　本件は、疲労が蓄積して仮睡状態に陥った犯人が、前方で渋滞中の車両を発見するのが遅れたため玉突き事故を起こし、その結果被害車両を炎上させ、乗車していた5名を死亡させ、6名に傷害を負わせた事案と、犯人が過労により正常な運転ができないおそれのある状態で、大型貨物自動車を運転した事案である。
　本件犯人は、積載量20トンの大型貨物自動車の職業運転手であり、高速道路等を通行して茨城県所在の営業所と大阪市内の配送センター間を往復する定期便業務に従事していた。このため、十分な体調を維持し、仮に運転中に眠気を催したならば車両を安全な場所に停止させて仮眠を取るなどして、居眠り運転などの事態に陥らないようにすべきであった。
　自動車運転手が、前方注視をすることは安全運転を行う上で最も基本的な注意義務である。そして、運転中に仮睡状態となればその基本的注意義務を果たすことが困難となるため、直ちに運転を中止し必要な休憩を取るべきである。

◆◆ 根拠法条 ◆◆

　業務上過失致死傷……刑法211条1項前段（当時）
　過労運転……道交法66条、117条の2の2

大型トラックによる渋滞車列への衝突
奈良地裁平成19年2月23日判決

適用罪名：業務上過失致死傷
参考文献：裁判所 web

|ポイント| 脇見による玉突き事故

|事案概要|

　Wは、本件当日午前11時50分頃、大型貨物自動車を運転して、自動車専用道路を時速約80キロメートルで進行するに当たり、進路前方左右を注視し、自車進路の安全を確認しつつ進行すべき業務上の注意義務があるのに、これを怠った。Wは、運転席と助手席の間に置いていたポータブルDVDプレーヤーを操作することに気を奪われ、DVDプレーヤーを脇見し、進路前方左右を注視せず、進路の安全確認不十分のまま、漫然進行した。

　Wは、折から、車両渋滞のため低速進行又は停止・発進を繰り返しつつ進行中のA（当時36歳）運転の普通乗用自動車（軽四）及び同様に進行中のB（当時69歳）運転の大型貨物自動車を、至近距離に至って発見し、急制動措置を講ずるも及ばず、A車後部に自車前部を衝突させた。

　この衝突により、A車は前方に押し出され、B車、さらにその前方を進行していたC運転の大型貨物自動車、D（当時62歳）運転の普通貨物自動車に、順次衝突させた。D車は、さらにその前方を進行していたE（当時59歳）運転の大型貨物自動車に追突した。

　この事故により、A車（軽四）は、W運転の大型貨物自動車とB運転の大型貨物自動車に挟まれて押し潰され、Aは頭蓋骨粉砕骨折等の傷害により死亡し、同乗していたF（当時34歳）も胸部圧挫の傷害により死亡した。さらに、Bは加療約4週間を要する脛骨骨折の傷害を負い、Dは加療約1週間の左膝打撲等の傷害を負い、D車に同乗していたG（当時61歳）は加療約5日間を要する下腿打撲等の傷害を負った。

　Wは、業務上過失致死傷罪で起訴された。

|判決要旨| 有罪（禁錮4年）

　　Wは、時速約80キロメートルという高速で、総重量2万4,950キログラムにも及ぶ大型貨物自動車を運転して、見通しのよい道路を進行中、前方に先行車の集団を認めたにもかかわらず、ポータブルＤＶＤプレーヤーの操作という運転中特に必要とはいえない動作のために、相当長い距離を脇見をしたまま進行し、至近距離に迫るまで前車に気付かなかった。進路前方左右の注視及び自車進路の安全確認という、自動車運転者としての最も基本的な注意義務を懈怠した危険な運転で、過失の態様が一方的で非常に悪い。
　　Wは、本件事故により、被害者2名を死亡させ、4名を負傷させたもので、本件の結果も極めて重大かつ悲惨であり、とりわけ死亡した被害者2名はほぼ即死の状態で、それぞれ30代の若さで突如人生を奪われた無念さは察するに余りある。

|解説|

　本件は、犯人が、渋滞中の自動車専用道路上で玉突き事故を惹起し、2名を死亡させ、4名に傷害を負わせたという業務上過失致死傷の事案である。
　本件事案の法令適用としては、被害者ごとに刑法211条1項（当時）にそれぞれ該当するが、1個の行為が6個の罪名に触れる場合であるから、観念的競合（刑法54条1項）により、犯情の最も重い最初の衝突事故の被害者に対する業務上過失致死罪の罪で処断されている。
　自動車専用道路における主な渋滞原因には、交通容量以上に交通が集中することにより発生する「交通集中渋滞」、工事規制により発生する「工事渋滞」、交通事故により発生する「事故渋滞」がある。このうち、「交通集中渋滞」が、自動車専用道路の渋滞原因の過半数を占めている。

◆◆ 根拠法条 ◆◆
　業務上過失致死傷……刑法211条1項前段（当時）

58 危険物積載トラックによる追突死亡事故

神戸地裁平成20年9月9日判決

適用罪名：自動車運転過失致死傷
参考文献：裁判所 web

ポイント　下り坂でのブレーキ操作をしないままの追突事故

事案概要

　Uは、本件当日午前9時10分頃、大型貨物自動車を運転していた。付近道路は左右に湾曲して見通しが悪く、傾斜の強い下り坂であった。しかも、U車両には危険物を入れたドラム缶が過積載されており、急激なブレーキ操作によってはドラム缶の転倒や引火、落下等のおそれがあった。Uは、先行する車両等の動静を注視し、ハンドル・ブレーキを的確に操作して進行すべき自動車運転上の注意義務があるのにこれを怠り、漫然時速約50キロメートルで進行した。

　Uは、道路進行方向の山の斜面に視線を向けて、前方を進行中のA（当時61歳）運転の軽四乗用自動車の動静を注意せず、その前車のC（当時52歳）運転の普通乗用自動車が信号に従って停止しようとしているのを、前方約56メートルの地点に認めた。しかし、Uは、危険物を入れたドラム缶が倒れることなどを恐れ、ブレーキ操作をせずに、道路左側に設置されたコンクリート側壁に自車を接触させて、減速・停止させようとした。

　このため、Uは、自車をA車に追突させ、A車はC車に追突した。この追突事故により、A及び同乗者B（当時61歳）はいずれも心臓破裂等により死亡し、Cも加療1週間を要する胸部打撲等の傷害を負った。

　Uは、自動車運転過失致死傷で起訴された。

判決要旨　有罪（禁錮5年）

　トラック運転に従事していたUが、危険物を過積載した貨物自動車を運転中に、傾斜の強い下り坂をギアを6速に入れたままで走行していたところ、

山の景色に気を取られて、信号で停止しようとしている先行車両の動静に気付くのが遅れ、衝突の危険を感じた。

にもかかわらず、運搬中に積載物が転倒等で毀損すればその賠償責任を問われるのでこれを避けたいと思い、徐々に減速停止させようとハンドル操作でもって道路側壁に自車を接触させる措置を講じたのみにとどまって、停止に有効かつ必要な措置であるギアを落としてエンジンブレーキを効かせたり、急ブレーキを踏むといった適切なブレーキ操作等をしなかった。

その過失により、結局、自車を被害車両に順次衝突させて、2名を死亡させ、1名に傷害を負わせた。

解説

本件大型貨物トラックには、危険物であるテトラヒドロフランを入れたドラム缶が過積載されており、急激な運転操作によっては転倒や引火の可能性があった。本件犯人は、トラックの職業運転手であり、不注意な脇見によって危険な状況を招き、しかも危険回避のために必要なブレーキ操作を行わず、安易な手段として道路側壁に接触させるという運転操作方法を行った。

本件で生じた結果は、死者2名、負傷者1名であり、特に死者2名は軽四乗用車に乗っていた被害者夫婦であり、6トントラックに追突されて車ごと押し潰され、車両も炎上している。

本件トラックが積載していたテトラヒドロフランは、消防法上の危険物であり、水溶性の液体で、接着剤や印刷インキ等の溶剤として用いられている。また、揮発性が高く引火性も強いため、十分な注意が必要であった。

◆◇ 根拠法条 ◆◇

自動車運転過失致死傷……刑法211条2項（当時）

59 渋滞高速道路での多重衝突事故

名古屋地裁平成23年7月8日判決

適用罪名：自動車運転過失致死傷
参考文献：裁判所web

ポイント 居眠り運転による重大追突事故

事案概要

　Mは、本件当日午後4時56分頃、中型貨物自動車を運転して東名高速道路下り線を進行中、連日の勤務による疲労のため眠気を覚え、前方注視が困難な状態になったのであるから、直ちに運転を中止して眠気を解消した後に運転を継続すべき注意義務があるのにこれを怠り、漫然と運転を継続した。

　午後5時6分頃、Mは仮睡状態に陥り、そのまま自車を時速80～90キロメートルで進行させ、折から渋滞のため停止中の甲（当時44歳）運転の普通乗用自動車に自車を衝突させて、甲車をはじき飛ばして、ガードレール等に衝突させた。

　さらに、M車は、停止中の乙（当時49歳）運転の普通乗用自動車に衝突し、乙車をはじき飛ばして、渋滞停止中の丙（当時27歳）運転の普通乗用自動車に衝突させた。丙車は、その前方で低速度走行中の丁（当時47歳）運転の普通乗用自動車に衝突して、丁車をはじき飛ばした。

　この衝突事故により、甲車に同乗していたA（当時18歳）、B（当時17歳）及びC（当時47歳）の3名が死亡し、追突された車両運転手甲ら6名は傷害を負った。Mは、自動車運転過失致死傷で起訴された。

判決要旨 有罪（禁錮5年4月）

　そもそも高速度運転においては、わずかな運転操作上のミスでさえも重大な危険を発生させかねないが、Mは職業運転手として、積載物を抱えて相当な重量になっていた業務用の冷蔵冷凍車を運転していた。Mが細心の注意を払って適切な運転を遵守しなければ、高速度運転と相まって車両自体が走

> 凶器となり、甚大な事故を引き起こしかねない危険性をはらんでいた。
> しかるに、Mは、眠気を催していたにもかかわらず運転を中止せず、仮睡状態に陥ったため、M運転車両を高速度で走行させたまま、ブレーキを掛けることもなく、前方車両に追突させた。いかに危険性の高い行為であったかは、追突態様や各車両の破損状況からも十分うかがい知ることができる。

|解|説|

　本件は、犯人が、中型貨物自動車を運転して運送業務に従事中、高速道路で居眠り運転をしたため、渋滞で停止していた前方車両に追突させたほか、更に前方に位置していた車両にも次々と追突させ、3名を死亡させ、6名に負傷させた事故を引き起こした自動車運転過失致死傷の事案である。
　本件犯人は、連日の勤務により疲労し、前日の休日出勤では雪の影響により帰宅時間が大幅に遅れ、睡眠時間にも影響が及んでいた。もっとも、貨物車両の運行行程等の細部まで会社から指示されていたわけではなく、運行日程、休憩時間、休憩場所等については、その判断は任されていた。
　犯人は、眠気を催し、サービスエリアやパーキングエリアなど具体的な休憩場所を認識していたが、渋滞に巻き込まれることを懸念し、運転しながら眠気が解消されるだろうと思ったり、後で一気に休みを取ればよいなどと考え、勤務先に体調の変調を申告することもせず、運転を継続していた。
　自動車の運転に際して、長時間の連続運転は疲労の原因となり、注意力や集中力の低下を招き、居眠り運転等を引き起こすこととなる。このため、こまめに休憩をとり、ゆとりをもった運転を行う必要がある。事業用自動車の運転者の乗務時間の基準（国土交通省）においても、バスやトラックの運転者の連続運転時間は4時間を超えないこととされている。

◆◇◆ 根拠法条 ◆◇◆
　自動車運転過失致死傷……刑法211条2項（当時）

60 追跡接近行為と死亡事故
福岡地裁小倉支部平成14年6月3日判決

適用罪名：業務上過失致死、救護義務違反、報告義務違反
参考文献：裁判所web

ポイント　自動車走行方法の「暴行」該当性

事案概要

　普通乗用自動車を運転していたGは、自動二輪車を運転していた乙（当時19歳）が空ぶかしをしたと考え腹を立て、乙にいやがらせをするとともに、車両を停止させて運転者が誰か確かめようとして、追跡行為に及んだ。
　Gは、制限速度（50キロメートル毎時）を時速約30キロメートル上回る高速度で乙を追跡し、車間距離を約2.5メートルという至近にまで接近させる、危険な運転をした。その結果、乙を脇道に逃避することを余儀なくさせ、駐車中の普通貨物自動車に衝突させて、死亡させた。
　Gは、上記交通事故を起こしたにもかかわらず、救護等の措置や警察官への報告を怠って逃走した。Gは、傷害致死及び道交法違反で起訴された。

判決要旨　有罪（懲役2年6月）

　自動車を走行させることが暴行に該当するというためには、当該自動車を直接相手方の身体又はその乗車車両に接触させるか、接触させた場合と同程度に相手方の身体に対する具体的危険を発生させたことを要する。
　本件のような追跡行為の事案においては、必ずしも双方の車体の直接的接触を要しないものの、追跡の態様、進路状況、走行距離、車間距離、速度等に照らし、相手方車両をして反対車線に進出するなど危険な回避行為をしなければ接触が避けられない状況に追い込む行為であると客観的に認められる場合には、相手方に対し傷害の具体的危険を生じさせたものとして、暴行に該当する。

> 道路状況や追跡状況のもとで、乙が追跡を避けるため高速度のまま脇道に入り、しかも後方を振り返り、たまたま駐車していた車両に衝突するという事態は、Gにとっても予想外のものであり、一般的にも被害者が後方を振り返り、駐車車両に衝突するという点は容易に予測し得ない。これらの事情に基づき判断すると、Gの運転行為は、被害車両をして危険な回避行為をしなければ接触が避けられない状況に追い込むまでには至っておらず、本件車両を被害車両に接触させた場合と同程度に被害者の身体に対する具体的危険を発生させるものであった、とまでは認めることができない。

解説

　本事案について、検察官は傷害致死容疑で起訴している。これに対し、本判決では、本件犯人の運転方法は乱暴であっても、傷害致死罪にいう「暴行」には該当しないとして傷害致死罪の成立は認めず、業務上過失致死罪の成立を認める判断を行った。

　傷害致死罪にいう「暴行」とは、人の身体に対する不法な有形力の行使をいうと解される。人の身体に直接接触しない場合でも、その有形力の行使が「暴行」に該当することはあり、自動車を走行させることによる「暴行」も成立し得る。しかし、自動車の運転行為は、それ自体常に重大な事故を生ずる可能性を内包する行為である一方、社会の多くの場面で日常生活上不可欠なものである。

　交通事故を発生させるおそれのある危険な運転行為は、通常はそれ自体道交法により、死傷の結果が発生した場合には、自動車運転の過失致死傷罪や危険運転致死傷罪によって規律されている。このため、単に危険な運転行為であるからといって、直ちに「暴行」に該当すると解することはできない。

　本判決では、このような点も踏まえ、本事案は「暴行」に至らないと判断し、業務上過失致死罪で処断している。

◆◆ 根拠法条 ◆◆
　業務上過失致死……刑法211条前段（当時）
　救護義務違反……道交法72条1項前段、117条2項
　報告義務違反……道交法72条1項後段、119条1項

61 暴走自動二輪車による死亡事故

松山地裁平成17年12月26日判決

適用罪名：業務上過失致死、救護義務違反、報告義務違反、無免許運転
参考文献：裁判所web

ポイント　暴走中のひき逃げ死亡事故

事案概要

　P及びQは、本件当日午前1時半頃、それぞれ自動二輪車を運転し、最高速度が40キロメートル毎時の道路を、時速約70キロメートルの高速度で進行した。

　Pは、折から前方約32メートル地点付近に丙（当時53歳）が立っているのを発見したが、衝突回避の措置を講じる間もなく、丙が振り上げた右手付近に自車右バックミラー付近を衝突させた。そのため、丙は回転しながら路上に転倒した。P車の後方を追従してきたQも丙を発見したが、急制動等衝突回避の措置を講じる間もなく、路上に転倒した丙の腹部付近をれき過した。この事故により、丙は多臓器損傷等で死亡した。

　Pらは、上記交通事故を起こしたのに、直ちに車両の運転を停止して同人を救護する等の必要な措置を講ぜず、事故発生の日時場所など法律で定める事項を最寄りの警察署の警察官に報告しなかった。さらに、Pは無免許運転であった。

　P及びQは、業務上過失致死及び道交法違反で起訴された。

判決要旨　有罪（Pは懲役1年8月・執行猶予3年、Qは懲役1年・執行猶予3年）

　P及びQは、仲間数人とともに週末に自動二輪車で走行し、速度を出すことや互いに追い越したり、追い越されたりすることを楽しむことを繰り返していた。本件当日午前1時30分頃、Pらやその仲間の少年はいつものように交互に抜きあうなどして走行を楽しんだ後、途中道路でUターンし、仲間の少年が運転する自動二輪車を先頭に、Pが運転する自動二輪車、Qが運転す

る自動二輪車の順で走行していた。
　Pらは、指定最高速度が40キロメートル毎時と指定されている道路を、時速約70キロメートルで走行していた。Pは、道路中央付近に立っていた丙が振り上げた右手付近に、自車右バックミラー付近を衝突させ、丙を転倒させた。Pはけがを負わせたと思ったが、停止しなかった。
　Pの後方を追従して走行してきたQは、転倒した丙の腹部付近をれき過した。Qは同乗者が自動二輪車から振り落とされたため、自動二輪車を止め同乗者の安否を確認した後、丙に声をかけたが反応がなかったため、重大なことをしたと思ったものの、その場から走り去った。
　その後Pらと仲間は今回のことはなかったことにしようなどと、口外しないことを話し合うなどした。

解説

　本件は、少年らが深夜に自動二輪車で暴走行為を行っていた最中に、たまたま路上にいた歩行者をはねて死亡させた事案である。
　本件は、人の生命を奪うという重大な結果を生じさせたこと、週末ごとに仲間らとの暴走運転行為を繰り返していたこと、指定最高速度を遵守するなどの安全な運転をしていれば被害者が道路中央付近にいた状況であっても結果は回避できたこと、事故があった場合の救護など最低限の義務を果たさなかったばかりか、事故後仲間らと証拠隠滅工作までしていたことから、悪質な事案であると判断された。

◆◇ 根拠法条 ◆◇

　業務上過失致死……刑法211条前段（当時）
　救護義務違反……道交法72条1項前段、117条2項
　報告義務違反……道交法72条1項後段、119条1項
　無免許運転……道交法64条、117条の4

62 生活道路での園児死傷事故

さいたま地裁平成19年3月16日判決

適用罪名：業務上過失致死傷
参考文献：裁判所 web

ポイント

車両を走る凶器とした無謀運転による死傷事故

事案概要

本件現場道路は、両側に民家等が建ち並び、幅員は約6メートルと比較的狭く、車両の通行量は少ないが双方通行であり、住宅地内を走る静かな生活道路であった。被害者らが所属していた保育園でも、園児らを公園に連れて行くルートとして使用していた。当日も、園児34人が手をつないで2列に並び、保育士4人が園児らの列の前後及び右側を取り囲むようにしながら歩行していた。園児らは、ピンクやブルーのカラフルな帽子と園服という相当目立つ服装をしていた。

Lは、本件当日午前9時55分頃、普通乗用自動車を運転し、交差点を左折進行するに当たり、左折後に進入しようとする道路は比較的狭い生活道路であったから、歩行者等が通行していることが予測されたのに、歩行者等の有無や状況を全く確認しないまま左折して同道路に進入した上、自車を加速させようとした。

Lは、漫然と自車を時速50～55キロメートルまで加速して進行した過失により、自車を左側端に向けて逸走させ、折から道路左側端に立ち止まってL車両の通過を待っていた、保育園児及び保育士の集団に突入させた。

この衝突事故により、3歳から5歳までの園児4名を死亡させるとともに、園児や保育士17名に重軽傷を負わせた。

Lは、業務上過失致死傷で起訴された。

判決要旨

有罪（懲役5年）

Lは、本件道路に進入した後、速やかに前方左右を注視し、同道路における歩行者等の有無や状況をいち早く確認して、その進路の安全を確認すると

ともに、適宜車両の速度を調節し、ハンドル、ブレーキ等を的確に操作して、その進路を適正に保持しながら進行すべき業務上の注意義務を負っていた。

ところが、Lは、上記注意義務に全く頓着することなく、本件道路に進入した後、車両の前方左右を全く注視しようとしないまま脇見運転を続け、歩行者等の有無や状況を全く確認しないまま、車両を時速約50〜55キロメートルまで加速させるとともに、本件道路の左側端へ向けて逸走させたばかりか、道路左側端に立ち止まってL車両の通過を待っていた被害者らの集団を発見するのが、前方約15.7メートルに迫るまで遅れたことから、急制動の措置を講じたが間に合わず、被害者らの集団に車両を高速度で突入させて、本件事故を起こした。

解説

　事故当時、本件道路は歩行者や自転車が通行していることが当然に予想される状況にあった。ところが、犯人は、本件道路に進入するに当たり、道路が住宅地内の幅5〜6メートルと狭く歩道もない双方通行道路であることは確認したものの、道路上の歩行者等の有無を全く確認しようとしないまま、車両を急加速しようとしていた。

　しかも、交差点付近から被害者らの集団まで見通しも良かったから、本件道路に進入した後、一度でも道路前方に視線を向けさえしておれば、すぐにでも集団を発見して、車両を減速させるとともに進路を適正に保持することによって、被害者らとの衝突事故を容易かつ確実に回避することが可能であった。

　本件における過失態様は、自動車運転者としての最も基本的注意義務である前方注視義務や進路適正保持義務等に違反したにとどまらず、自動車の走行が必然的に伴う危険性に頓着しようとすることなく、本件道路の通行人や通行車両の安全を自らの身勝手な都合で殊更無視し、自動車を正に走る凶器として暴走させたという危険かつ悪質極まりないものであった。

◆◆ 根拠法条 ◆◆

業務上過失致死傷……刑法211条（当時）

63 飲酒の上の暴走運転事故
松山地裁平成20年1月17日判決

適用罪名：酒気帯び運転、業務上過失致死
参考文献：判タ1291号

ポイント 車両の進行を制御することが困難な状態

事案概要

　Kは、本件当日午前6時58分頃、酒気を帯び、普通乗用自動車（軽四）を運転した。

　Kは、前記車両を運転して道路を進行するに当たり、同所は最高速度が50キロメートル毎時と指定されていた上、右方に湾曲した道路であったから、最高速度を遵守するのはもとより、道路状況に応じて適宜減速し、進路を適正に保持して進行すべき業務上の注意義務があった。しかし、Kはこれを怠り、道路状況に応じた減速をせずに、ハンドル、ブレーキを的確に操作することなく、漫然時速約80キロメートルで進行し、自車を左斜め前方に逸走させた。

　この過失により、Kは自車を道路左側の電柱等に激突させた。この事故により、同乗者甲（当時22歳）は脳挫傷の傷害を負って死亡し、同乗者乙（当時27歳）は心臓破裂等の傷害を負って死亡した。

　Kは、酒気帯び運転及び危険運転致死で起訴された。公判において、業務上過失致死が予備的訴因として追加された。

判決要旨 有罪（懲役4年）

　本件過失は、自動車運転者としての基本的な注意義務を怠ったことに起因する。Kは、被害者らを含む友人と飲酒後、帰宅する際に、タクシー等を見つけることができず、結局K自らが本件車両を運転することにしたもので、その判断は軽率のそしりを免れない。

　事故から約3時間が経過した時点において呼気1リットルにつき0.33ミリ

> グラムと比較的高いアルコールが検出されていることや、本件事故現場において制限速度を30キロメートル上回る速度で走行していたことなどに照らすと、その運転は刑法208条の2第1項前段（当時）の高速度類型に係る「危険運転」にこそ該当しないものの、悪質で厳しい非難に値する。

解説

　本件は、犯人が酒気帯び運転で自動車を運転し、その運転する自動車を過失により路外に逸走させて電柱に衝突させるなどして、同乗者の男女2名を死亡させた事案である。

　本件においては、「進行を制御することが困難な高速度」による走行であったか否かが問題とされた。本件事故現場付近の道路は、緩やかな右カーブであり、指定最高速度は時速50キロメートル、限界旋回速度は時速93〜120キロメートルであった。通常の車両は、同所を時速50〜60キロメートルで走行している。本件車両の速度は時速約80キロメートルであったから、指定速度を時速約30キロメートル、車両の通常の走行速度を時速約20〜30キロメートル上回るものであるが、その一方で限界旋回速度の下限を約13キロメートル下回っていた。

　本判決では、このような点も踏まえ、本件車両は事故当時いまだ進行を制御することが困難な状態に陥っていたとは認められないと判断し、危険運転致死罪の成立を認めず、業務上過失致死罪の成立にとどまると判示した。

◆◆ 根拠法条 ◆◆

　酒気帯び運転……道交法65条1項、117条の2の2
　業務上過失致死……刑法211条1項前段（当時）

関連判例　横浜地裁相模原支部平成12年7月4日判決（判時1737号）
　友人から車検切れの自動車を購入し、無免許で使用していた犯人が、飲酒運転していたところ、警察官の取締りに遭って、処罰を恐れて逃走し暴走した結果、ハンドル操作を誤って歩道に乗り上げ、歩行者2名をはね飛ばして即死させた事案について、業務上過失致死等で有罪とされた事例

死亡事故回避の可能性
神戸地裁平成15年1月29日判決

適用罪名：業務上過失致死
参考文献：裁判所web

ポイント　空走距離と制動距離

事案概要

　Rは、自動車運転の業務に従事していたが、本件当日午前0時20分頃、普通乗用自動車を運転して、本件道路を時速約60キロメートルで進行するに当たり、このような場合絶えず前方左右を注視し、進路の安全を確認しつつ進行すべき業務上の注意義務があるのにこれを怠り、深夜で交通が閑散であることに気を許し、前方左右の注視不十分のまま、漫然進行した。

　折から進路前方の道路を右方から左方に向けて横断中の丙（当時51歳）に、Rはその前方約11.6メートルの地点に接近するまで気付かず、自車前部に丙を衝突させて、路上に転倒させた。丙は、脳挫傷等の傷害を負って死亡した。

　Rは、業務上過失致死で起訴された。公判において、弁護人は、Rが丙を発見して直ちに急制動の措置を講じていたとしても衝突は避け得なかったから、Rに過失はないなどと主張した。

判決要旨　有罪（禁錮1年4月・執行猶予3年）

　自動車運転者としては、前方の路上に人の存在を発見した場合には、直ちに急制動の措置を講じる以外にも、直ちに減速し、的確にハンドル操作をし、あるいはクラクションを吹鳴するなどの措置を講じて、人との衝突を回避することができる。

　本件においても、本件現場付近道路の状況や当時の交通量等に鑑みれば、Rは、丙を発見できた地点において、急制動の措置を含むこれらの措置を講じることにより、丙との衝突を回避することが十分に可能であった。

|解説|

　本件は、犯人が普通乗用自動車を運転中に進路前方左右の安全を十分に確認しなかったという過失により、自車を進路前方の道路上を横断中の被害者に衝突させ死亡させた、という業務上過失致死の事案である。

　弁護人は、本件事故の結果回避可能性がなかったなどと主張していた。特に、被害者を発見することのできた地点において、直ちに急制動の措置を講じていれば本件衝突事故が避けられたか否かが論議された。

　本件事故当時、加害車両の速度は時速約60キロメートル（秒速約16.6メートル）であり、本件事故現場付近道路の摩擦係数は0.7程度であったと認められた。空走距離についてみると、知覚・反応時間は一般に0.7秒程度から1.0秒程度と考えられており、犯人に最大限有利に考えたとしても、知覚・反応時間を1.1秒とすれば十分であるから、その場合の空走距離は約18メートルである。そして、制動距離は約20メートルであるから、停止距離（空走距離と制動距離の和）は長くても約38メートルである。

　本事案において、犯人は、衝突地点の約39.7メートル手前の地点において被害者を発見することができたと認められるため、その地点で直ちに急制動の措置を講じていれば被害者に衝突することを避けることができ、本件事故の結果発生を回避することができた、と判断された。

　なお、弁護人は、空走距離算出のための知覚・反応時間について、何かが起こると予期していない場合の時間は、1.1秒よりも長くなるのであり、2.5秒とすべきであると主張していた。これに対し、本判決では、自動車運転者は、絶えず前方左右を注視し進路の安全を確認しつつ進行すべき注意義務があり、2.5秒という数値を本件における知覚・反応時間として用いるべきではないとして、最大値として1.1秒を用いるのが相当であると判示している。

◆◆ 根拠法条 ◆◆

　業務上過失致死……刑法211条前段（当時）

65 開放ドアへの自転車衝突

東京高裁平成25年6月11日判決

適用罪名：業務上過失傷害、救護義務違反、報告義務違反
参考文献：判時2214号

ポイント 自動車運転終了後における注意義務

事案概要

Nは、普通乗用自動車を運転中、一旦路上駐車して近くのコンビニエンスストアまで買い物に行こうと思い、道路左端に停車した。Nはエンジンを切って、シートベルトを外し、手荷物を確認するなどして、自ら降車するために運転席ドアを開けた。その際、後方から進行してくる車両の有無及びその安全を十分確認しないまま、漫然とドアを開けた。

折から、右後方から甲運転の自転車が進行してきた。Nは、ドアを甲運転の自転車に衝突させ、自転車もろとも甲を路上に転倒させた。甲は、全治約2週間を要する小指挫傷等の傷害を負った。Nは、上記事故を起こしたのに、甲を救護する等の措置を講ぜず、その事故発生の日時及び場所等を、直ちに最寄りの警察署の警察官に報告しなかった。

Nは、業務上過失傷害及び道交法違反で起訴された。1審は、Nを有罪とした。Nが控訴した。

判決要旨 1審判決破棄・有罪（懲役10月・執行猶予3年）

Nが、自ら降車するために自車右側の運転席ドアを開けた時点において、自動車の運転自体は既に一旦終了していたとみるほかないとしても、そのことから直ちに自動車の運転業務を全て終えたとはいえず、自ら降車するためにドアを開けたNの行為は、自動車の運転に付随する行為であって、自動車運転業務の一環としてなされたものと認められる。

Nの過失は、刑法211条2項本文にいう「自動車の運転上必要な注意」を

怠ったとはいえないものの、自動車運転業務の一環として、自ら降車するために自車右側の運転席ドアを開けるに当たり、後方から進行してくる車両の有無及びその安全を確認してドアを開けるべき業務上の注意義務があるのにこれを怠ったものというべきである。甲に傷害を負わせたNの行為につき、同条1項前段の業務上過失傷害罪が成立するとした原判断は正当である。

|解|説|

　道交法において、車両等の運転者が守るべき遵守事項の一つとして「安全を確認しないで、ドアを開き、又は車両等から降りないようにし、及びその車両等に乗車している他の者がこれらの行為により交通の危険を生じさせないようにするため必要な措置を講ずること」が定められている（71条4号の3）。
　自動車を運転していた者が自ら降車するためにドアを開ける行為は、自動車の運転とは無関係であるとはいえず、自動車運転と密接に関連するもので、自動車の運転に付随する行為であるため、自動車運転業務の一環であると解される。
　本件では、救護義務違反及び事故不申告についても論議された。弁護人は、本件は「交通事故」に当たらない、などと主張した。
　本判決では、道交法72条の交通事故（車両等の交通による人の死傷若しくは物の損壊）については、運転中の車両等の道路上における通行それ自体によって人の死傷等が生じた場合のみならず、自動車の運転者が道路上に車両を停止した後、降車する際にそのドアを開ける行為によって人の死傷等が生じた場合をも含むと解し、有罪と判断している。

◆◆ 根拠法条 ◆◆
　業務上過失傷害……刑法211条1項前段（当時）、道交法71条4号の3
　救護義務違反……道交法72条1項前段、117条2項
　報告義務違反……道交法72条1項後段、119条1項

▶関連判例◀　最高裁平成5年10月12日決定（判タ834号）
　　交差点手前で車列の後ろで停止した自動車運転者が、後部座席に同乗していた妻に降車を指示し、これに従ってドアを開けたところ、原付自転車が走行してきてドアに衝突し負傷した事案について、運転者が業務上過失傷害で有罪とされた事例

66 関越道高速ツアーバス事故

前橋地裁平成26年3月25日判決

適用罪名：自動車運転過失致死傷、電磁的公正証書原本不実記録・同供用
道路運送法違反

参考文献：裁判所web

ポイント　過労による居眠り運転事故

事案概要

　Xは、富山県から高速道路を経由して千葉県まで単独運転で走行する行程の下、前日午後11時半頃大型バスを運転して出発し、本件当日午前4時20分頃、群馬県内の関越自動車道を時速約90キロメートルで進行中、睡眠不足及び疲労のため眠気を覚え、そのまま運転を継続すれば前方注視が困難な状態に陥ることが、容易に予測された。

　このような場合、自動車の運転手としては、早期に駐車場で停止する等してバスの運転を中止し、事故の発生を未然に防止すべき自動車運転上の注意義務がある。Xはこれを怠り、漫然と運転を継続した過失により、群馬県藤岡市の関越自動車道を走行中に、仮睡状態に陥ってバスを暴走させた。

　Xは、ガードレールにバス左側を接触させ、そのガードレールの延長線上に設置されたコンクリート擁壁上部に固定された防音壁に、バス前部を衝突させ、バスの車体をその前部から約10メートルにわたって左右に裂くように破損させた。この結果、バスの乗客7名を死亡させ、38名に重軽傷を負わせた。

　Xは、自動車運転過失致死傷等で起訴された。

判決要旨　有罪（懲役9年6月・罰金200万円）

　Xは、本件事故現場の手前で眠気を感じながら、あえて運転を中止せず、漫然と運転を継続した。当時、高速バス運転手として乗客45名の生命を預かり、高速道路を時速約90キロメートルという高速度で走行していたのであるから、何よりも乗客の安全を最優先しなければならない立場にあった上、万

がーにも居眠り運転をするようなことがあれば、多数の乗客に取り返しのつかない甚大な被害が生じるであろうことは明らかであった。

　眠気を感じた地点から本件事故現場に至るまでの間にもパーキングエリアがあったのであるから、同所にバスを止めるなどして休憩をとるなどの適切な対応をとることは十分に可能であった。それにもかかわらず、Xは、そのような措置をとることなく、漫然と運転を継続して本件事故を引き起こすに至ったもので、人命を預かるプロドライバーとして許されない非常識極まりない行動に出たといわざるを得ない。

解説

　本件は、バス運転手の犯人が、大型バスに乗客45名を乗せて高速道路を走行中、居眠り運転をしたため、道路脇の防音壁にバスを衝突させ、乗客7名を死亡させて、38名に重軽傷を負わせた事案である。

　このような居眠り運転を起こした原因として、睡眠不足の状態で本件バスを運転したことが挙げられている。本件犯人は、事前に十分な睡眠がとれていないにもかかわらず、仮眠用のホテルにいる間も、本件バスの車内で仮眠をとる間でさえも、電話対応等に追われて細切れの睡眠しかとらなかった。夜間、土地鑑もない場所で長距離運転を強いられ、代替運転手もいない、事前に睡眠もとれていないという最悪の条件での運転手を引き受けておきながら、居眠り運転防止のために最低限度しなければならないことすらしていなかった。

◆◆ 根拠法条 ◆◆

　自動車運転過失致死傷……刑法211条2項（当時）
　電磁的公正証書原本不実記録・同供用……刑法157条1項、158条1項
　道路運送法違反……道路運送法4条1項、96条1号

関連判例　　名古屋地裁平成6年2月21日判決（判タ861号）

　　夜行定期高速バスの運転手が、降雪のため最高速度が50キロメートル毎時と規制されていた高速道路を、定刻に目的地に着くため時速80キロメートルで進行していたところ、自損事故で停止していたトラックを発見し、急ハンドルを切ったため疾走して、バスをガードケーブルを破って道路下に転落させ、乗客2名を死亡させ、28名の乗客を負傷させた事故について、運転手を業務上過失致死傷で有罪とした事例

第3

危険運転致死傷事犯

67 2名死亡の多量飲酒危険運転

さいたま地裁平成14年6月18日判決

適用罪名：危険運転致死傷（アルコール影響運転）、救護義務違反、報告義務違反
参考文献：裁判所web

ポイント　アルコールの影響による仮睡状態での重大事故

事案概要

　Hは、本件当日午前2時5分頃、運転開始前の飲酒の影響により前方注視及び運転操作が困難な状態で、普通貨物自動車を時速約60キロメートルで走行させ、アルコールの影響により正常な運転が困難な状態で自動車を走行させた。

　そして、そのころHは進行中に仮睡状態に陥り、道路左側端を歩行中のA（当時19歳）、B（当時20歳）及びC（当時21歳）に自車を衝突させた。この衝突事故により、Aは脳挫傷の傷害を負って死亡し、Bは頸椎損傷等の傷害を負って死亡した。また、Cは頭部外傷等の傷害を負った。

　Hは、上記交通事故を起こしたのに、直ちに車両の運転を停止して負傷者を救護する等必要な措置を講ぜず、かつ、その事故発生の日時及び場所等法律の定める事項を直ちに最寄りの警察署の警察官に報告しなかった。

　Hは、危険運転致死傷、道交法違反で起訴された。

判決要旨　有罪（懲役7年）

　Hは、同僚らの忠告を無視して運転を始め、アルコールの影響により途中から視野が狭くなり、アクセル操作も思うに任せない状態になったにもかかわらず、制限速度が40キロメートル毎時と指定された歩車道の区別のない幅員約6メートルの片側1車線の住宅街道路上を、時速約60ないし70キロメートルで運転を継続し、極端に視野が狭くなり、仮睡状態に陥るなどした。

　その結果、Hは、進路前方の道路左側端を2列縦隊で同方向に歩行中の被害者らの集団に全く気付かず、自車をC、A及びBの3名に順次衝突させた。

Cを路上に転倒させて、全治まで約2週間を要する頭部外傷等の傷害を負わせた。Aをボンネットにはね上げてフロントガラスに衝突させ、そのまま疾走して約75メートル余り前方の路上に転落させて脳挫傷等の傷害を負わせて死亡させた。Bを約16メートル前方の住宅ブロック塀の上にはね飛ばし、頸椎損傷等の傷害を負わせて死亡させた。

|解説|

犯人は、職場から貸与されている自動車を運転して帰宅する途中、居酒屋で飲酒していた同僚らに誘われて飲酒を始め、はしご酒をするなどして、長時間にわたり相当量の飲酒をし、かなり酩酊していた。にもかかわらず、早く帰宅したいとの理由から、運転代行を利用するようにとの同僚らの忠告を無視して車両を運転し、アルコールの影響により正常な運転をすることが困難な状態であることを認識しながら運転を継続した結果、本件事故を惹起した。犯行の動機に酌むべき点は全くない、と判断された。

本件犯行後、犯人からは呼気1リットル当たり0.55ミリグラムと高濃度のアルコールが検出されていた。犯人は、飲酒運転の発覚を恐れて、重大事故を引き起こしたにもかかわらず、被害者救護や警察官に対する事故報告等をせずに、事故現場から逃走した。

◆◆ 根拠法条 ◆◆
危険運転致死傷（アルコール影響運転）……刑法208条の2第1項前段（当時）
救護義務違反……道交法72条1項前段、117条2項
報告義務違反……道交法72条1項後段、119条1項

▶関連判例◀　東京地裁八王子支部平成14年10月29日判決（判夕1118号）
　大量に飲酒した上で自動車を発進させた犯人が人身事故を起こし、高速度に加速して逃走し、原付自転車に衝突してれき過した被害者をそのまま引きずり死亡させた事案について、危険運転致死傷及び救護義務違反等の成立を認め有罪とした事例

68 大型トレーラによる危険運転

水戸地裁平成15年12月1日判決

適用罪名：危険運転致死傷（アルコール影響運転）
参考文献：裁判所web

ポイント　多量飲酒による重大衝突事故

事案概要

　Lは、昭和55年頃大型一種免許を取得し、以降大型トラックないし大型トレーラの運転手として稼働していた。Lは、大型貨物自動車（本件トレーラ）に乗って自宅を出て、最初の荷下ろしを終えた後、同僚らと食堂で飲酒し、その後も多量の酒を飲み、飲み過ぎて酔っ払ったと自覚していたが、車両に戻り運転席に座って休んだ。Lは、午後8時50分頃目を覚まし、かなり酔っているとは思ったが、あまり速度を出さなければ検挙されることはないなどと考えたことから、運転を開始し、本件トレーラを蛇行させるなどしながら、走行を続けた。

　Lは、運転開始前に飲んだ酒の影響により前方注視及び運転操作が困難な状態になったにもかかわらず、自車を時速約50キロメートルで走行させた。Lは、午後9時25分頃、故障車のレッカー作業のため停止していた普通貨物自動車の後部に自車前部を衝突させて、同車を側道に転落させ、前方に停車していた故障車にも自車を衝突させた。

　この衝突事故により、故障車修理のため立っていた甲（当時30歳）、乙（当時35歳）、丙（当時34歳）に車両を衝突させ、甲に入院加療約4か月間を要する傷害を負わせ、乙及び丙を死亡させた。

　Lは、危険運転致死傷で起訴された。

判決要旨　有罪（懲役12年）

　Lは、本件当日午後8時30分には本件トレーラを運転しなければならないことを知悉しながら、それまでに時間があるとして気を許し、その間に飲む

ための酒を購入してこれを飲酒したばかりか、同僚らと共に2度にわたり7時間以上もの間、出発予定時刻の直前まで飲酒を続け、その摂取に係るアルコールの合計が多量になっていた。飲酒運転に及ばなければならない必要性・緊急性が全く認められない。

飲酒した経緯、その飲酒の具体的状況及び運転開始の状況等は、大型貨物自動車の職業運転手としてのモラルに大きく背き、飲酒運転の危険性や他者の生命・身体の安全に対する配慮を著しく欠いたものであって、厳しい非難に値する。しかも、Lは、以前から休憩時間とはいえ勤務時間中に飲酒を繰り返していた形跡がうかがえることに照らすと、本件が単なる偶発的犯行とは言い難く、その意味でも犯情は甚だ悪質である。

|解|説|

本件は、犯人が多量に飲酒し、アルコールの影響により正常な運転操作が困難な状態になったにもかかわらず大型貨物自動車を走行させ、その結果、故障車のレッカー作業のために停止していたセルフローダー車及び故障車に順次自車を衝突させ、故障車付近に立っていた3名に同車を衝突させるなどして、2名を即死させ、1名に重篤な傷害を負わせた危険運転致死傷事案である。

本件トレーラは、トラクタ部とセミトレーラ部を合わせると、全長約16.9メートル、幅約2.5メートル、車両重量合計約17.8トンの大型トレーラであり、しかも本件犯行当時には約24トンの大豆を積載しており、その規模は相手方に深刻かつ重大な結果を生ぜしめるものであった。

本件犯人の飲酒量は多量であり、犯行の約1時間15分後に実施された飲酒検知で呼気1リットル中0.65ミリグラムのアルコールが検出されていた。

◆◇ 根拠法条 ◆◇

危険運転致死傷（アルコール影響運転）……刑法208条の2第1項前段（当時）

▶関連判例◀ 東京地裁平成14年11月28日判決（判タ1119号）

車両重量12トンの大型トラック運転手が、仕事の途中で友人と飲食し、泥酔状態となりながら、深夜大型トラックの運転を開始し、仮睡状態に陥って車両を暴走させ、中央分離帯の安全地帯で信号待ちをしていた被害者2名をれき過して死亡させた事案で、運転手に危険運転致死罪が成立し有罪（懲役9年）とされた事例

69 ウォークラリー高校生への突入事故

仙台地裁平成18年1月23日判決

適用罪名：危険運転致死傷（アルコール影響運転）
参考文献：裁判所web

ポイント　アルコールの影響による仮睡状態での危険運転

事案概要

　Sは、本件前日、自動車に友人Uを乗せて市内の居酒屋に向かい、午後9時頃からUらと共に飲食した。Sは、最初の居酒屋で生ビール中ジョッキ1杯（約255ミリリットル）を飲み、別の飲食店に赴いて焼酎の水割りをグラスに10杯程度（焼酎約200ミリリットル）を飲酒した。Sは帰宅するため、Uを乗せて午前3時47分に駐車場から自車の運転を開始した。

　Sは、運転開始前に飲んだ酒の影響により前方注視及び運転操作が困難な状態で普通貨物自動車を走行させ、運転中に仮睡状態に陥り、本件当日午前4時頃、信号機により交通整理の行われている交差点の対面信号機が赤色の灯火信号を表示しているのを看過したまま、時速約60キロメートルで交差点に進入した。

　Sは、折から、交差点の横断歩道手前で一時停止中のA（当時34歳）運転の普通乗用自動車に自車を衝突させ、A車両を前方に押し出し、横断歩道上を歩行中の甲、乙、丙（いずれも当時15歳）に自車を衝突させて路上に転倒させ、頸椎骨折等の傷害を負わせて3名を死亡させた。また、丁ら15名に自車又はA車両を衝突させ、重軽傷を負わせた。

　Sは、危険運転致死傷で起訴された。

判決要旨　有罪（懲役20年）

　Sは、前日から本件当日の午前3時30分頃まで、生ビールを中ジョッキ1杯、焼酎の水割りを約10杯飲酒し、酔いが回っていることを認識しながら、運転代行の費用を惜しんで帰宅するため自ら運転を開始した。運転開始後、

居眠りをし、意識がもうろうとして危ない運転であると認識したにもかかわらず、行けるところまで行こうなどと考えて本件危険運転行為に及んだ。
　その結果、Sはついに仮睡状態に陥り、そのまま時速約60キロメートルで、赤色灯火の信号表示をしていた交差点に進入し、横断歩道手前で停止していた被害車両に衝突し、自車もろとも折から付近の高等学校の学校行事である「ウォークラリー」のため歩行していた多数の高校生の列に突っ込み、高校生らに衝突した。高校生ら3名をはね飛ばして死亡させ、高校生13名、学校関係者及び被害車両運転手の合計15名に重軽傷を負わせるという、他に類を見ない大惨事を引き起こした。

解説

　本件は、犯人が、アルコールの影響により正常な運転が困難な状態にありながら、普通貨物自動車を走行させた危険運転行為により仮睡状態となり、交差点横断歩道手前に停止していた車両に衝突し、停止車両もろとも横断歩道を歩行中の高校生の列に突っ込み、その結果、高校生3名を死亡させ、高校生ら15名に加療約3か月ないし1週間の傷害を負わせたという危険運転致死傷事案である。
　本件犯人が運転していた車は、2トン強の車両重量を有する普通貨物自動車であった。また、走行した道路は幹線道路で早朝ではあったものの通行中の車両もあり、交差道路や信号機も多数あった。このような中、犯人はアルコールの影響により急激な車線変更や発進遅滞、赤色信号無視の進行などを繰り返していた。
　被害者の高校生らは、学校行事である「ウォークラリー」に参加し、学校関係者の指示に従いながら、青色信号に従って横断歩道を横断中であった。

◆◆ 根拠法条 ◆◆
　危険運転致死傷（アルコール影響運転）……刑法208条の2第1項前段（当時）

関連判例　千葉地裁松戸支部平成15年10月6日判決（判タ1155号）
　犯人は忘年会及び二次会で大量に飲酒し、独立歩行できない状態で、通勤用の自動車を運転して自宅へ戻ろうとした途中、仮睡状態に陥って歩行中の5名の被害者に自車を衝突させてはね飛ばし、5名全員を死亡させた事案について、犯人に危険運転致死罪が成立し有罪（懲役15年）とされた事例

70 飲酒の上の暴走危険運転

さいたま地裁平成20年11月12日判決

適用罪名：危険運転致死傷（アルコール影響運転）
参考文献：裁判所 web

ポイント　飲酒運転に対する安易な考えが引き起こした重大事故

事案概要

　Zは、仲間と居酒屋で酒を飲むなどしていたが、その後別の店で酒を飲むことになり、自ら運転する車両で出発した。Zはパブクラブに到着したが、開店時間まで待つように言われ、時間つぶしのため車両の運転を開始した。

　Zは、本件当日午後7時過ぎ、運転開始前に飲んだ酒の影響により前方注視及び運転操作が困難な状態で普通乗用自動車を走行させ、アルコールの影響により正常な運転が困難な状態で自車を走行させたことにより、自車を時速約100～120キロメートルの速度で走行させて、対向車線に進出させた。

　Zは、折から対向進行してきたA（当時48歳）運転の普通乗用自動車に自車を衝突させ、さらに、その後方を進行してきたB（当時21歳）運転の普通乗用自動車に正面衝突させた。この事故により、B車両はブロック塀に衝突して横転し、同乗していたC及びD（共に当時56歳）は、脳挫傷等の傷害を負って死亡した。さらに、Bら5名は傷害を負った。

　Zは、危険運転致死傷で起訴された。

判決要旨　有罪（懲役16年）

　Zは、約15分間飲酒運転を継続した挙げ句、制限速度が時速40キロメートル毎時に規制された片側一車線の左カーブを、時速約100ないし120キロメートルという現場の道路状況に照らせば異常な高速度で走行したため自車を制御できなくなり、対向車線に自車を進出させた結果、対向車両に次々と衝突するという大惨事を起こした。

> Zは本件現場を過去に何回か通ったことがあり、道路の状況は認識していたにもかかわらず、前方の対向車線に進行車両はないと安易に考えて、自車の性能を同乗者に見せつけるという安易な理由で、極めて無謀かつ危険な運転行為に及んでいる。このことは、事件後にZから採取された血液から血液1ミリリットルにつき2.2ミリグラムという極めて高濃度のアルコールが検出されていることと相まって、本件当時いかに正常な運転が困難なほどに酩酊していたかを如実に物語るものといえる。

解説

　本件は、犯人が飲酒の影響で正常な運転が困難な状態であるにもかかわらず、自動車の運転を開始し、左カーブになった道路を進行するに当たり、時速約100〜120キロメートルまで加速して自車を対向車線に進出させ、折から対向車線を進行してきた2台の車両に次々と衝突させ、2名の被害者を死亡させ、5名に傷害を負わせたという危険運転致死傷事案である。

　本件犯人は、飲酒することを分かっていながら自車を運転して居酒屋に向かい、ビール1杯に焼酎のウーロン茶割り約7杯という通常の飲酒量をかなり上回る量の飲酒をした。そして、居酒屋のトイレに立った際にはふらつきを覚えるなどしていたにもかかわらず、代行運転を頼んだりして帰宅しようとはせず、友人と共に別の店で飲酒しようと考えて自車を運転して出発した。その間、目がかすむのを感じ、店の経営者に飲酒運転を注意されたりしたが、開店時間まで時間をつぶすためという安易な理由で、友人を同乗させて運転を開始している。

　これらからすると、犯人の飲酒運転に対する安易な態度が重なり、あえて飲酒運転を続けたことによって本件重大事故が引き起こされたと考えられ、決して偶発的に起こされた事故ではない。この意味で、本件の犯情は極めて悪質であると判断された。

◆◆ 根拠法条 ◆◆
危険運転致死傷（アルコール影響運転）……刑法208条の2第1項前段（当時）

駐車場発車時の巻き込み死亡事故
大阪地裁堺支部平成22年7月2日判決

適用罪名：危険運転致死（アルコール影響運転）
参考文献：裁判所web

ポイント　飲酒の影響による巻き込み事故

事案概要

　Qは、家庭内の事情等により飲酒を始め、やがてアルコール依存症となり、病院で入院治療を受けるなどしたが断酒には至らず、コンビニエンスストアでもよく焼酎を買っていた。

　Qは、本件当日は発熱のために職場を欠勤し、パチンコ店に行って遊ぶうち、200ミリリットル入りの日本酒を3本飲んだ。Qは自車を運転して自宅に戻ろうとしたが、途中でコンビニエンスストアに寄ることとし、駐車場に自車を停めて220ミリリットル入りの芋焼酎2本を購入して飲んだ。午後4時30分頃、Qは自車に乗り込み、いったん歩道上まで後退させた後、車道に出るために前進しようとしたが、タイヤが歩道縁石にぶつかって前進することができず、そのまま自車を後退させた。

　乙（当時84歳）はたまたまコンビニエンスストア前を歩いていたが、歩道上に車があったために後ろを通過しようとしたところ、後退してきたQ車と衝突、転倒した。Qはそれまでの飲酒により前後不覚の状態にあって、乙に自車を衝突させ、その底部に巻き込んだことに全く気付かないまま、自車を走行させた。

　Qは車道上を蛇行した挙げ句、路外の駐車場に入り込んで駐車車両2台と衝突し、駐車場奥の民家の柵等をなぎ倒して家屋に衝突して、停止した。Qは途中で乙が離れるまでの間、約47.7メートルにわたり引きずったまま走行した。乙は、多重骨折等の傷害により即死した。

　Qは、危険運転致死で起訴された。

判決要旨　有罪（懲役7年）

　Qは、自身がアルコール依存症に罹患していることを十分認識していながら、車に乗って出かけたパチンコ店で飲酒し、その状態で運転を続けて、更に飲酒した挙げ句、本件犯行に至っており、その飲酒量は多く、飲酒運転の態様としては非常に悪質であり、飲酒運転に対する認識も希薄である。
　本件犯行以後のQ車両の状況をみても、民家に衝突して停止することがなければ、そのまま逃走し、更に重大な事故を引き起こしたかもしれず、危険性の高い運転行為であった。
　乙は、何の落ち度もないのに、このようなQが運転する車に衝突され、その底部に巻き込まれた上、路上を引きずられたことにより、左右肋骨多発多重骨折等の傷害を負い、呼吸不全により即死した。その結果は誠に重大といわねばならない。

解説

　本件は、犯人が、運転開始前に多量に飲んだ酒の影響により、正常な運転操作が困難な状態にあったのに、自宅に帰ろうとしてコンビニエンスストア前の駐車場に停めた乗用車の運転を開始し、自車を後退させた際、たまたまその後ろを歩いていた被害者に自車後部を衝突させて路上に転倒させ、自車底部に同女を巻き込んだまま走行させたことによって、同女を即死させた事案である。
　犯人は、臨場した警察官により自動車運転過失傷害の容疑で現行犯逮捕されたが、その際、強い酒の臭いをさせ、ふらつきながら直立することができない状態にあり、運転免許証を提示するにも手間取るほどであった。また、約1時間後に行われた飲酒検知では、呼気1リットル当たり0.7ミリグラムという高濃度のアルコールが検出された。

◆◈◆ 根拠法条 ◆◈◆

危険運転致死（アルコール影響運転）……刑法208条の2第1項前段（当時）

72 アルコール影響による居眠り運転
神戸地裁平成24年12月12日判決

適用罪名：危険運転致死（アルコール影響運転）、器物損壊
参考文献：裁判所 web

ポイント　危険運転致死罪の故意

事案概要

　Mは、本件当日午後6時頃から、知人と食堂やスナックで飲酒し、焼酎のお湯割り（340ミリリットル）を3杯、ワインを約320ミリリットル飲んでいた。そして、スナックを退店する頃には居眠りをするような状態であり、スナック店主は知人に代行運転をするよう依頼したが、その間にMは自動車を出発させていた。その後、Mは、飲酒の影響により、前方注視及び運転操作が困難な状態で、立ち寄ったコンビニエンスストア駐車場から普通貨物自動車（軽四）を発進させて、運転を開始した。

　Mは、午後11時5分頃、時速約40キロメートルで走行中に居眠り状態に陥り、自車を道路左端に進出させ、折から道路左端にいたB（当時12歳）及びC（当時8歳）に自車前部を衝突させた。この衝突事故により、B及びCは路外にはね飛ばされて転倒し、頭蓋骨骨折等で死亡した。

　さらに、Mは、パトカー内において飲酒検知のため警察官が持っていた飲酒検知管の保護管を折り曲げて破損し（損害額約220円相当）、他人の器物を損壊した。その後、Mは飲酒検知の呼気検査を受けたが、呼気からは1リットルにつき約0.4ミリグラムのアルコールが検出された。

　Mは、危険運転致死及び器物損壊で起訴された。

判決要旨　有罪（懲役14年）

　本件事故の態様、本件事故直前におけるMの心身の状態及び記憶の程度等に照らすと、本件事故の時点において、Mはアルコールの影響により正常な

運転が困難であった。
　コンビニエンスストア出発からわずか3分しか経っておらず、約800メートルしか進行していない段階で本件事故が起こっていることに加え、Mの飲酒量が普段よりも多かったこと、本件自動車内でのMの居眠りの状態、これを見たスナック経営者が代行運転を頼むことを告げていることなどからすると、Mはコンビニエンスストア出発の時点においても、アルコールの影響により自動車の正常な運転が困難であった。
　Mは、コンビニエンスストア出発の時点から、少なくとも一般人の目からは自動車の運転が困難な状態であると見られていることを認識していたというべきであり、危険運転致死罪の故意もあった。

解説

　公判において、弁護人は、本件事故の時点においてアルコールの影響により正常な運転が困難な状態にあったとは認識していないため、危険運転致死罪は成立しないなどと主張した。
　これに対し、本判決では、犯人の飲酒開始から事故発生に至るまでの経緯を明らかにして、危険運転致死罪の故意があったと判断している。
　犯人は本件事故当時には中程度の酩酊状態であり、コンビニエンスストア店内で店員と会話し買い物もできていることなどの事実は認められた。しかしながら、買い物をするなどの行為はそれほど高度な能力が要求されないが、交通事故を起こすことなく、適切に自動車を操作して運転するには、高度の認知、判断及び運動能力が必要であると考えられている。

◆◆ 根拠法条 ◆◆
危険運転致死（アルコール影響運転）……刑法208条の2第1項前段（当時）
器物損壊……刑法261条

73 スマホ操作熱中の飲酒危険運転
札幌地裁平成27年7月9日判決

適用罪名：危険運転致死傷（アルコール影響運転）、救護義務違反、報告義務違反
参考文献：裁判所web

|ポイント| 注意力減退による「よそ見」運転

|事案概要|

　Vは、本件当日午前4時半頃にビーチに到着し、その後7時間半近くもの長時間にわたって、生ビール中ジョッキ4杯、350ミリリットルの缶酎ハイ4、5缶、焼酎のお茶割り1杯といった酒を断続的に飲み続け、泥酔して完全に酔いつぶれてしまい、2時間程度寝込んでしまった。運転開始直前、V自身の感覚としてまだ二日酔いのような状態であり、体もだるく目もしょぼしょぼするなど体に酒が残っている感覚があった。このような状態でVは車の運転を開始し、現場となった直線道路を走行した。

　Vは、午後4時28分頃、時速50～60キロメートルの速度で車を走行させ、そのまま前方の道路左側を2列に固まって同一方向に歩いている被害者らに気付かないまま、車を衝突させて次々とはね飛ばした。この間、Vはスマートフォンの操作をするため、ほとんど前を見ることなく下を向き続けていた。

　この衝突事故により、甲（当時30歳）、乙（当時29歳）、丙（当時29歳）の3名が死亡し、丁（当時30歳）は加療約1年間を要する頸椎骨折等の傷害を負った。Vは、被害者らの安否を確認せず、道ばたに放置したまま走り去った。

　Vは、危険運転致死傷及び道交法違反（救護義務違反等）で起訴された。

|判決要旨| 有罪（懲役22年）

　そもそも、この道路を時速50ないし60キロメートルという速度で車を走行させながら、15ないし20秒前後もの間、下を向き続けるなどという運転の態様自体が「よそ見」というレベルをはるかに超える危険極まりない行動とし

か言うほかない。
　事故の恐怖を感じることすらなく、こうした運転ができること自体が異常であるし、携帯電話の画面を見ながら運転することがある人にとっても、ここまでの危険な行為は自殺行為に等しく、正常な注意力や判断力のある運転者であれば到底考えられないような運転である。このような運転の状態が「前方を注視してそこにある危険を的確に把握して対処することができる状態」と対極にあることは明らかである。
　Ｖは、本件当時、道路交通の状況等に応じた運転操作を行うことが困難な心身の状態、すなわち、正常な運転が困難な状態にあったことが客観的に見て明らかといえる。

解説

　本件犯人は、4時間半ほど前まで酔いつぶれて寝てしまうほど酒を飲み続けていたにもかかわらず、車の運転をしても大丈夫な程度に酔いは覚めているなどと甘く考え、たばこを買いに行くという欲求を満たすためだけの理由で、飲酒運転を行った。スマートフォンの画面を見続けてほとんど前を見ないという運転は、通常では考えられないほど無謀で危険極まりないと判断された。
　犯人がこのような異常な運転を行ったのは、表面的にはスマートフォンの操作に熱中したことによるものであるが、それは運転者の務めとして常に前方の安全を確認しながら車を走行させるという、最も基本的な注意力や判断力をほぼ失っていたからである。このような単なる油断では説明がつかないような著しい注意力の減退や判断力の鈍磨は、アルコールの影響によるものと判断された。
　このような点も踏まえ、本判決では、本件犯人はアルコールの影響により正常な運転が困難な状態で自動車を走行させて人を死傷させた、と判示した。

◆●◆ 根拠法条 ◆●◆

　危険運転致死傷（アルコール影響運転）……自動車運転死傷処罰法2条1号
　救護義務違反……道交法72条1項前段、117条2項
　報告義務違反……道交法72条1項後段、119条1項

74 脱法ハーブ使用の危険運転致死
名古屋地裁平成25年6月10日判決

適用罪名：危険運転致死（薬物影響運転）、救護義務違反、報告義務違反
参考文献：判時2198号

ポイント 脱法ハーブ（危険ドラッグ）による感覚変調と危険運転

事案概要

Nは、本件当日午前7時42分頃、いわゆる脱法ハーブ（現危険ドラッグ（以下同じ。））を含有する植物片である薬物の影響により、時間的・空間的な感覚に変調を来し、前方を注視してそこにある危険を的確に把握して対処することができない状態で、普通貨物自動車を時速約70キロメートルで走行させ、薬物の影響により正常な運転が困難な状態で自車を走行させた。

Nは、折から横断歩道を自転車に乗って横断してきたIを間近に迫って初めて発見し、急制動の措置を講じたが間に合わず、I運転の自転車に自車前部を衝突させた。この衝突事故により、Iは約16.8メートル前方にはね飛ばされて路上に転倒し、脳挫傷等の傷害を負って死亡した。

本件事故後、救急車が来て、救急隊員が大声で「被害者は心肺停止状態にある」旨の発言をした。同時に、Nは全速力で逃走を開始した。Nは、本件事故の目撃者らに追跡されて事故現場付近まで連れ戻され、警察官に現行犯逮捕された。

Nは、危険運転致死及び道交法違反（救護義務違反等）で起訴された。

判決要旨 有罪（懲役11年）

Nは、Iを発見した地点や本件当時の対向車線上の状況について誤認しているが、その程度は通常考えられないほど著しいから、Nの時間的・空間的な感覚は、著しく変調を来していた。Nは、運転開始前に本件脱法ハーブを使用したことを認めている。上記感覚の変調は本件脱法ハーブの使用による効果と合致しており、他にそうした変調が生じた原因が見当たらない。本件

事故発生直後のNの言動や身体的状況も、脱法ハーブの薬効と整合する。
　上記感覚の変調が生じていた状態が、道路交通の状況等に応じた運転操作を行うことが困難な心身の状態に当たることは明らかである。Nは、本件脱法ハーブ、すなわち薬物の影響により正常な運転が困難な状態でN車両を運転して、本件事故を発生させた。

解説

　本件犯人は、強い薬効を有する脱法ハーブを使用していたが、あえて自動車を運転して交通死亡事故を引き起こした上、被害者の救護義務等を怠ってひき逃げをした。

　犯人自身、本件事故以前から脱法ハーブの危険性を認識していたと供述している。また、脱法ハーブの後遺症について検索し、医師によるウェブサイトを閲覧するなどしており、その後遺症を気に掛けていた。また、本件事故直後の犯人の状況は、過呼吸のように呼吸が荒く、視線の焦点が全く定まらず、言葉を発しても呂律が回らず、目は血走り、一人では動けないような状態であった。

　このような状況から、本判決では、本件当時、使用した脱法ハーブの影響により、自己が交通の状況等に応じた運転操作を行うことが困難な心身の状態であることを、犯人自身が認識していたと判断した。

　本件で使用された脱法ハーブの主成分には、大麻に似た薬効があり、過呼吸、視線の焦点が合わなくなる、呂律が回らなくなる、目が充血し顔が赤くなるなどの効果がある。また、本件脱法ハーブを使用すると、最初は多幸感を感じるが、時間が経つにつれて時間的・空間的な感覚に変調を来し、幻覚、幻聴、妄想が生じる。これらの効果は、大麻の数十倍であり、使用者は酩酊状態に陥る。

◆◆ 根拠法条 ◆◆

　危険運転致死傷（薬物影響運転）……刑法208条の2第1項前段（当時）
　救護義務違反……道交法72条1項前段、117条2項
　報告義務違反……道交法72条1項後段、119条1項

75 薬物多量服用と危険運転致死

函館地裁平成27年6月19日判決

適用罪名：危険運転致死（薬物影響運転）
参考文献：裁判所 web

ポイント　不適切な睡眠導入剤の大量服用と危険運転

事案概要

Wは、本件当日午後9時49分頃、運転開始前に飲んだアルコール及び睡眠導入剤等の影響により、前方注視及び運転操作が困難な状態で普通乗用自動車を走行させた。

その頃、Wは、進路前方道路で線路工事準備中のA（当時33歳）に気付かず、自車前部を衝突させて路上に転倒させた。この衝突事故により、Aは頭蓋骨骨折等の傷害を負って死亡した。

Wは、危険運転致死で起訴された。

判決要旨　有罪（懲役7年）

Wは、飲酒の上、2種類の睡眠導入剤及び4種類の向精神薬を服用しており、特に睡眠導入剤のうち1種類については、医師から定められた量の3倍の量を服用し、その結果、アルコール及び薬物の強い影響が生じた状態で自動車を走行させている。Wは、本件直前には、自動車を民家の玄関ドア等に衝突させ、蛇行させた上、道路外の畑の中に進行させたにもかかわらず引き続き走行させた結果、本件に至っている。このようなWによる自動車走行の態様は、危険性が高いものであって悪質である。

Wは、薬を服用するに至った一因として過去に性的な嫌がらせを受けたことについて述べており、そのことには気の毒な面がないわけではない。しかし、本件は、Wが薬を服用するに当たり、その薬理効果の危険性を著しく軽視していたことがその原因となっている。

第3　危険運転致死傷事犯

　Wは、薬の説明書の記載内容や自己の経験から、薬の効果等により身体又は行動の制御が不十分になること及びその危険性を十分に認識していた。にもかかわらず、アルコールと薬を共に服用することや、医師等に対して十分に相談することなく薬の量を安易に増やすことを繰り返していた。Wが不適切な薬の服用による薬理効果の危険性を軽視していたことが、本件につながっている。

解説

　危険運転致死傷罪の適用に際して、正常な運転を困難な状態にさせ、あるいは支障を生じさせるおそれをもたらす「薬物」は、法令に違反する麻薬や覚せい剤、危険ドラッグ等に限定されるのか、論議されていた。

　立法担当者は、医師が処方する薬であっても、それを服用した上で、正常な運転に支障等が生じるおそれがある状態で、それを認識し、客観的にみてその薬物の影響で死傷事故を引き起こした場合は、危険運転致死傷罪に該当し得ると判断している。これからすると、医師の処方薬に加えて市販薬等についても、同様であると考えられる。

　本件は、犯人が、薬の薬理効果の危険性を軽視して、アルコールと一緒に睡眠導入剤や向精神薬を一緒に多量に服用し、その影響で正常な運転が困難な状態で自動車を走行させたため、進行していた道路上で工事準備をしていた作業員に衝突して死亡させたという危険運転致死の事案である。

　本判決の量刑理由の中で、犯行の結果として被害者が1名であるという事案は生じた結果という点では相対的に軽い事案であると考えられるが、犯人が薬物の薬理効果の危険性を著しく軽視していたことが本件を引き起こしているため、危険運転致死の刑の幅（懲役5年から12年）の下限で処罰したのでは足りない、と判断している。

◆◆ 根拠法条 ◆◆

危険運転致死（薬物影響運転）……自動車運転死傷処罰法2条1号

76 危険ドラッグ使用の危険運転
東京高裁平成28年6月8日判決

適用罪名：危険運転致死傷（薬物影響運転）
参考文献：LEX／DB 25543346

ポイント　「薬物の影響によりその走行中に正常な運転に支障を生じるおそれがある状態」の認識

事案概要

　Tは、通販サイトや雑貨店を利用して危険ドラッグXを購入し、1袋のXを10回ないし20回に分けて使用していた。

　Tは、繁華街の片側1車線の道路を自動車で進行するに当たり、強力な薬理作用を有するXを吸引使用して、正常な運転が困難な状態に陥った。Tは、薬物の影響により前方注視及び運転操作が困難な状態に陥り、自車の制御を失って、約34メートルにわたり時速約40キロメートルの速度で暴走させた。その結果、1名の被害者を死亡させ、6名の被害者に重い傷害を負わせた。

　Tは、危険運転致死傷で起訴された。1審は、危険運転致死傷罪の故意を認めてTを有罪（懲役8年）とした。Tは控訴し、正常な運転に支障が生じるおそれがあると認識しながら運転したわけではないので故意はないなどと主張した。

判決要旨　**控訴棄却**

　Tは、以前から危険ドラッグが人の脳や身体作用に異常をもたらすことがあり、これを使用して自動車を運転した場合には正常な運転に支障を生じさせるおそれがあることを認識していたのに、自動車を運転中に自ら危険ドラッグXの吸引を開始し、その吸引の影響により頭がぼうっとする等の体調の異変を感じていた。

　Tが「薬物の影響によりその走行中に正常な運転に支障を生じるおそれがある状態」にあることを認識していたことは明らかである。Tも、Xを詰め

たタバコの使用後、すぐにいつもと違う異常な体調異変を感じたので、慌ててその火を消したとしており、運転中に体調異変を感じたこと自体は否定していない。

　また、Xを吸引しても、意識障害等の重い身体症状が出るまでは1、2分程度かかる上、何の前触れもなく意識障害等が起きることはなく、それまでに、目が回ったり、頭がガーンとしたりするなどの症状が現われ、それを自覚する時間が必ずあることが認められる。Tが「薬物の影響によりその走行中に正常な運転に支障を生じるおそれがある状態」にあることを現に認識し、運転を停止することも可能であった。

　原判決が、Tに危険運転致死傷罪の故意を認めたことに誤りはない。

|解|説|

　本件で使用された危険ドラッグには「合成カンナビノイド」が含有されていた。合成カンナビノイドを摂取した場合、初期段階では多幸感や高揚感、幻覚等の効果が得られるが、時間が経過して血中濃度が上がると、第2段階として脳の神経活動が衰え、反応が遅れたり、認識を誤ったり、距離感や時間感覚が狂ったりし、さらに、おう吐、けいれん、カタレプシー等の運動障害、意識障害等の重い身体症状が出ることもある。

　また、本件危険ドラッグに含まれる合成カンナビノイドは強力で、1、2分程度の短時間で第2段階に達するが、カタレプシー状態や意識障害に至るまでには、目が回ったり、頭がガーンとしたりするなどの症状が現われ、それを自覚する時間が必ずあり、何の前触れもなく意識障害等が起きることはなかった。

　このような本件危険ドラッグの特徴も踏まえ、本判決では、薬物使用による危険運転致死傷罪の故意の成立を認めている。

◆◆ 根拠法条 ◆◆

危険運転致死傷（薬物影響運転）……自動車運転死傷処罰法2条1号

一般道暴走運転による重大事故
静岡地裁平成18年1月25日判決

適用罪名：危険運転致死（制御困難高速度）
参考文献：裁判所web

ポイント 思い付きによる車両の高速度運転

事案概要

　Pは、本件当日午前11時22分頃、普通乗用自動車を運転し、最高速度が40キロメートル毎時と指定されている右方に緩やかに湾曲した道路を進行するに当たり、その進行を制御することが困難な時速約145～155キロメートルの高速度で走行させた。そのため、自車を道路の湾曲に応じて進行させることができず、道路左側のガードレールに自車左後部を衝突させた上、右斜め前方に暴走させて、対向車線に進出させた。

　Pは、折から対向直進してきた甲（当時60歳）運転の普通乗用自動車前部に、自車前部を激突させて、甲車両を横転炎上させた。この事故により、甲を焼死させたほか、甲車両の後部座席に乗車していた乙（当時86歳）及び丙（当時30歳）を、外傷性ショックによりそれぞれ死亡させた。

　Pは、危険運転致死で起訴された。

判決要旨　有罪（懲役11年）

　本件事故現場は、最高速度が40キロメートル毎時と制限されている湾曲した道路である。Pは、制限速度を100キロメートル毎時以上も超過する、約145から155キロメートル毎時という極めて危険な高速度で自車を走行させたものであり、あまりに無謀、悪質な運転行為というほかない。
　被害車両は自車線を普通に進行中、突然極端な高速度で向かってくるP車両に激突されて横転し、衝突地点から40メートル近くも押し戻されて炎上し、乗車していた一家3代にわたる被害者ら3名全員の尊い命が奪われるという

最悪の結果が生じている。Ｐは自動車会社に長年勤務しており、一般人以上に交通法規を遵守し安全運転を心がけるべき立場にいたといえるのであり、この点の犯情も悪い。

解説

　本件は、犯人が、最高速度が40キロメートル毎時と指定された右方に緩やかに湾曲した道路において、進行を制御することが困難な高速度で自車を走行させたことにより、自車を対向車線に進出させ、被害車両に激突させ、同車を横転炎上させて、乗車していた３名を死亡させたという危険運転致死の事案である。

　本件犯人がこのような運転をした経緯、動機についてみると、犯人は高性能の限定仕様車を所有し、これまでも、およそ週１回の間隔で本件事故現場を走行する際、制限速度を大幅に上回る速度を出していた。

　さらに、本件事故当時は、事故現場手前の直線道路で「段付き感」、すなわち時速100キロメートル以上に加速した際、たまに発生する運転席下からのドーンという衝撃と音の症状を確認しようと思い付き、普段以上の高速度を出して、そのまま本件事故現場に至った。

　このような状況から、本判決では、犯人の交通法規軽視の態度は顕著であり、その動機は自己中心的なもので酌量の余地は全くない、と判断している。

◆◆　根拠法条　◆◆
　危険運転致死（制御困難高速度）……刑法208条の２第１項後段（当時）

▶関連判例◀　東京高裁平成22年12月10日判決（判タ1375号）
　本件現場は右カーブで最高速度は時速50キロメートルと指定され、限界旋回速度は時速90～100キロメートルであったが、犯人は知人を乗せて自車の強い加速感を体験させようとカーブ手前から急加速したところ、ハンドル操作を誤って歩道に乗り上げ、歩行者３名をはね飛ばして傷害を負わせた事案について、犯人に危険運転致傷罪が成立すると判断された事例

78 ゼロＧ状態での高速度走行

千葉地裁平成25年5月23日判決

適用罪名：危険運転致死傷（制御困難高速度）
参考文献：裁判所 web

|ポイント| 車内盛り上げのための乱暴運転

|事案概要|

　Ｈは、本件当日午後９時46分頃、Ｅを助手席に、Ｆを後部座席に乗車させて普通乗用自動車を運転し、直線道路を進行するに当たり、体が浮き上がるような感覚を楽しんで、自車内の雰囲気を盛り上げようと考えた。

　Ｈ車の進路前方に長さ約47.5メートルの橋梁があり、その入口側には橋梁に向かい急な上り勾配（第１勾配）が、出口側には急な下り勾配（第２勾配）がそれぞれ設けられていた。Ｈは、その進行を制御することが困難な時速約82キロメートルを上回る高速度で自車を走行させ、第１勾配通過後の橋梁上及び第２勾配で断続的に自車のタイヤが路面との間に摩擦がないか、ほとんどない状態を生じさせ、自車の制御が困難となって、自車を左前方に滑走させた。

　Ｈは、折から交差点横断歩道上を歩行していたＩ（当時18歳）に自車前部を衝突させて歩道上に転倒させるとともに、自車をコンクリート塀及び信号柱に衝突させた。この事故により、Ｉは頭蓋骨骨折等の傷害を負って死亡し、同乗していたＥ（当時20歳）とＦ（当時19歳）はそれぞれ加療約３か月間を要する脳挫傷等の傷害を負った。

　Ｈは、危険運転致死傷で起訴された。

|判決要旨| 有罪（懲役７年）

　第１勾配を時速約80キロメートル以上で通過、走行した場合、第１勾配通過後、実験車両は強く上下動等するため、サスペンションは大きく伸縮し、車両のタイヤと路面との間に摩擦が全くないか、ほとんどない状態、すなわ

ち「ゼロG状態」が断続的に生じ、それが解消されないまま第2勾配に進入して本件事故現場である交差点付近まで「ゼロG状態」が連続して生じる。

「ゼロG状態」では、不用意にハンドル操作やブレーキ操作をすると車両がスピンするおそれがあるため、的確に進行させるためには、腰を座席のシートに押しつけるなどして固定する運転姿勢を保ちながら、車両の上下動の衝撃によって不用意な操作をしないようハンドルを弱く握り、車にバランスのずれが生じた場合には、タイヤが路面に接着している瞬間に、わずかなハンドル操作をしてこれを修正することなどが必要である。

無謀かつ危険なHの運転行為の態様は、危険運転致死傷罪としては特に悪質性が高いとまでは言えないものの、その死亡の結果や動機は強く非難されるのであって、ハンドルを握る者としての責任の重さを自覚させるためにも自動車運転過失致死傷罪の法定刑上限付近の刑が相当である。

解説

本件は、友人らを乗せて走行中に、車内の雰囲気を盛り上げるため太鼓橋状の道路を高速度で通過し、激しい上下動などにより自車を滑走させて、歩行者1名を死亡させ、同乗者2名に傷害を負わせたという危険運転致死傷の事案である。

「ゼロG状態」が生じた車両につき、高度な運転操作を普通の運転者が行うことは極めて困難であるから、本件車両で第1勾配を通過するに当たり、時速約80キロメートル以上で走行することは、ハンドルやブレーキ操作などのわずかなミスが加わるだけで、自車を道路状況に応じて的確に制御して進行させることが困難な状態になる。

本件犯人は未成年で、自動車運転に対する認識の甘さや思慮の浅さが指摘されており、深く考えないままに雰囲気に流されて高速度で運転した動機も身勝手である、と判断されている。

◆◆ 根拠法条 ◆◆

危険運転致死（制御困難高速度）……刑法208条の2第1項後段（当時）

79 知人とのカーチェイスの末の死傷事故

神戸地裁姫路支部平成15年2月19日判決

適用罪名：危険運転致死傷（通行妨害目的）、酒気帯び運転
参考文献：裁判所web

ポイント 悪ふざけによる車線変更と通行妨害目的

事案概要

　Zは、友人のA（当時20歳）、B（当時20歳）、Cと本件当日未明までスナック等で酒食をし、午前3時半頃に帰宅するため、Zは普通乗用自動車を、AはB及びCを乗せて軽四乗用自動車をそれぞれ運転して、一方通行道路を進行していた。これまでも、Zは、Aとの間で何度か高速度でそれぞれの車線を走行し、目的地までの先着を競うという「レース」と称する車同士の競争行為を行ったことがあった。今回も赤信号で停止した際、ZがAに対してレースをしようと持ち掛けて、競争を始めた。
　Zは車両を運転し、A運転の車両と並走しながらスピードを競って走行中、Aを驚かせるためA車の直前に自車を割り込ませようと企てた。Zは、A車の通行を妨害する目的で、重大な交通の危険を生じさせる時速約80キロメートルを超える速度で自車を運転し、A車の左前方約4.3メートルの地点でハンドルを右に急転把して、A車の直前に進入しようとした。
　その際、Zは、自車をA車の左前部に衝突させ、A車を右前方に疾走させて、歩道上に設置された信号柱に衝突させた。この事故により、Aは加療約10日間を要する肩部打撲等の傷害を負い、Bは肺損傷の傷害を負って死亡した。
　Zは、本件事故当時、酒気を帯び、呼気1リットルにつき0.2ミリグラムのアルコールを身体に保有する状態で、車両を運転した。
　Zは、危険運転致死傷及び道交法違反で起訴された。

第3　危険運転致死傷事犯

|判決要旨|　有罪（懲役3年6月）

> 　Zは、自らAに公道における自動車レースを持ち掛け、Aと共に交通の危険を著しく生じさせるような速度と態様でカーチェイスをしていた際、A運転車両の直前に自車を割り込ませてAを驚かせようと考え、むりやり右に車線変更して犯行に及んだ。周囲の危険や迷惑を顧みることなく、公共の道路を我が物顔で走行した挙げ句に起こした自己中心的な犯行であり、その運転態様も無謀かつ危険なものである。
> 　Zは、これまで暴走族に加入して共同危険行為等の交通前歴を有していながら、抵抗感なく飲酒運転を行った上、危険運転行為により死亡事故を起こしたものであって、交通規範を遵守する態度があまりにも希薄である。

|解説|

　本件は、通行妨害目的での危険運転の可否が問われた事案である。公判において、弁護人は、通行妨害目的はないなどと主張した。
　これに対して、本判決では、犯人は当初これまでのレースと同様に互いの車線を進行していたが、急に被害車両の前に割り込めば被害者が驚き、よりレースが面白くなるなどと悪ふざけを思い付き、あえて必要のない車線変更をしたもので、このような意図は被害者に対し自由かつ安全な通行が妨げられることを認識させて危険を感じさせることにほかならず、通行妨害目的があったと判断している。

◆◆　根拠法条　◆◆

　危険運転致死傷（通行妨害目的）……刑法208条の2第2項前段（当時）
　酒気帯び運転……道交法65条1項、117条の2の2

|関連判例|　東京地裁平成15年11月26日判決（判時1890号）

　　片側3車線の一般道において、普通車運転者とタンクローリー運転者が互いに追い抜き合いをしていたが、急な進路変更によって直前に割り込むなどしたため衝突事故が発生し、対向車両とも衝突し、路上にいた被害者が巻き込まれて死亡した事案について、双方の運転者に危険運転致死傷罪が成立すると判断された事例

80 逃走のための逆行による事故
広島高裁平成20年5月27日判決

適用罪名：危険運転致傷（通行妨害目的）、酒気帯び運転
参考文献：裁判所 web

ポイント　逃走の意図と対向車両に対する通行妨害目的

事案概要

　Ｓは、飲酒の上、本件当日午前3時39分頃、車両を運転し、交差点手前で信号待ちのため先行車の後方に停止させていた。すると、その後方に警察車両が停止し、中から降りてきた警察官が職務質問のためＳ車運転席窓ガラスをノックした。Ｓは、酒気帯び運転が発覚するのを恐れて直ちに車を発進させ、信号を無視して交差点を左折し、バイパス高架下道路を進行した。

　警察車両も発進し、赤色灯を点灯しサイレンを吹鳴させて、停止命令を繰り返しながらＳ車を追跡した。Ｓは、反対車線に入り逆行すれば警察車両もそれ以上の追跡を諦めるであろうと考え、反対車線に入ってバイパス流出路に逆方向から進入した。ところが、警察車両がそのまま追跡してきたので、Ｓはそのままバイパスを逆行し、時速約70～90キロメートルで進行した。

　折から、対向進行してきたＤ運転の大型貨物自動車の前方約25メートルの地点まで著しく接近したため、Ｄは衝突の危険を感じて左へハンドルを切ったが、Ｓも右にハンドルを切った。そのため、両車は衝突し、Ｄ車両は斜め前方に逸走して縁石に衝突し、Ｄは加療約170日間を要する頸椎捻挫等の傷害を負った。

　Ｓは、危険運転致傷及び道路交通法違反（酒気帯び運転）で起訴された。1審は、Ｓを有罪（懲役1年6月）とした。

　Ｓは控訴し、バイパスを逆走したのはとにかく警察車両から逃れることだけを意図したのであり、対向車両の通行を妨害する目的はなかった、などと主張した。

第3　危険運転致死傷事犯

判決要旨　控訴棄却

　Sは、車を運転して信号待ちのため交差点手前で停止中、警察官に職務質問されそうになったことから、酒気帯び運転の発覚を免れようとして車を発進させ、逃走を開始した。警察車両が追跡してきたため、バイパスを逆行すれば警察車両もそれ以上の追跡を諦めるであろうと考えて、逆行を始めた。
　自動車専用道路であるバイパスを逆行すれば、直ちに対向車両の自由かつ安全な通行を妨げる結果を招くことは明らかであり、バイパスを逆行することと対向車両の自由かつ安全な通行を妨げることは、表裏一体の関係にある。Sが警察車両の追跡から逃れるため、バイパスを逆行することを積極的に意図していたことは明らかである。バイパスを逆行することを積極的に意図していた以上、Sは、これと表裏一体の関係にある対向車両の自由かつ安全な通行を妨げることをも積極的に意図していた。対向車両の通行を妨害する目的があったと認定した原判決に、事実誤認はない。

解説

　本件犯人は、酒気帯び運転の発覚を免れようと考え、信号を無視して逃走を開始し、深夜ではあったが自動車専用道路であるバイパスの反対車線に進入し、2.6キロメートル以上もの距離を、時速約70～90キロメートルという高速度で逆行した。そして、被害者車両に衝突して、長期間の加療を要する傷害を負わせた。
　バイパスでの犯人の走行状況をみると、何台もの対向車両とすれ違い、対向車両と衝突する危険を生じさせており、その走行位置を警察官から把握されにくくするため、対向車がいないと思うと前照灯を消し、対向車があれば前照灯を点けるということを繰り返し、安全を全く顧みない行動に及んでいた。
　なお、酒気帯び運転の程度は、本件事故の約1時間30分後において、呼気1リットルにつき約0.3ミリグラムのアルコール分を身体に保有する状態であった。

◆◆　**根拠法条**　◆◆
　危険運転致傷（通行妨害目的）……刑法208条の2第2項前段（当時）
　酒気帯び運転……道交法65条1項、117条の2の2

81 事故現場からの逃走と正面衝突事故

松山地裁平成20年11月28日判決

適用罪名：危険運転致死（通行妨害目的）、酒気帯び運転、事故不申告
参考文献：裁判所 web

ポイント　反対車線はみ出しと通行妨害目的

事案概要

　Rは、本件当日午後5時12分頃、酒気を帯び、普通乗用自動車を運転した。Rは車両を甲運転の大型貨物自動車に追突させ、甲車の後部リヤバンパー等を損壊（損害額11万円余）する交通事故を起こしたが、その事故発生の日時及び場所等法律の定める事項を、直ちに最寄りの警察署の警察官に報告しなかった。

　Rは、上記交通事故現場から逃走しようと企て、車両を運転して、車道幅員約3メートルの道路において、乙運転の普通乗用自動車等4台の先行車両を認めるとともに、対向進行してくる丙運転の軽四乗用自動車を前方約153メートルの地点に認めたが、丙車の通行を妨害する目的で、時速約80キロメートル以上の速度で対向車線にはみ出して、先行車両の追越しを始めた。

　その結果、Rは、対向してくる丙車に自車を著しく接近させ、道路左端に避譲しようとした乙車に自車を衝突させて対向車線上に進出し、自車を丙車に正面衝突させた。この衝突事故により、丙は心破裂の傷害を負って死亡した。

　Rは、危険運転致死及び道交法違反で起訴された。

判決要旨　有罪（懲役4年6月）

　Rは、比較的近接した地点で対向進行してくる丙車を認めたにもかかわらず、自車走行車線に先行車両が4台連なる状況で、反対車線にはみ出し、時速約80キロメートルもの高速度で、追越しを開始した。その行為は、客観的に認められる道路状況からして、丙車に対し、急制動や急転把などのR車との衝突の危険を回避する措置をとらせることを余儀なくさせるものであり、

丙車の自由かつ安全な通行を妨げるものである。
　Rはこのような状況をよく理解しており、それにもかかわらず、あえて先行車両の追越しを開始している。その追越し行為は、Rが飲酒運転による交通事故の発覚をおそれ、その場から何とかして逃走しようとしたものであることは明らかである。
　Rは、丙車との衝突を意図していたものではないにせよ、自らの走行が丙車の自由かつ安全な通行をおびやかす危険なものになることを十分理解しながら、あえてその行為に及んだのであって、丙車の通行を妨害する積極的な意図を有していたものと認められる。

解説

　本件は、道交法違反（酒気帯び、事故不申告）及び通行妨害目的による危険運転致死の事案である。
　このうち、危険運転致死については、犯人が被害車両を前方に認めながら反対車線にはみ出して先行車両の追越しを開始した時点で、被害車両の通行を妨害する目的を有しており、その目的の下、重大な交通の危険を生じさせる速度である時速約80キロメートル以上の速度で進行し、対向してくる被害車両に著しく接近し、最終的には先行車両に接触して対向車線に自車を完全に進出させて被害車両と正面衝突し、被害者を死亡させている。

◆◇　根拠法条　◇◆

危険運転致死（通行妨害目的）……刑法208条の2第2項前段（当時）
酒気帯び運転……道交法65条1項、117条の2の2
事故不申告……道交法72条1項後段、119条1項10号

関連判例　佐賀地裁平成19年5月8日判決（判タ1248号）
　犯人は、相手車両を追尾して一旦追い越したが、相手車両から逆に追い越し返されそうになったため、それを許すまいとして進路直前に自車を進入させた結果、相手車両は歩道に乗り上げて道路案内板の支柱に激突し、被害者2名が死亡するなどした事案で、犯人に危険運転致死傷罪が成立し有罪（懲役8年）とされた事例

82 パトカーからの逃走と通行妨害

東京高裁平成25年2月22日判決

適用罪名：危険運転致死（通行妨害目的）、救護義務違反
参考文献：判タ1395号

ポイント 逃走目的と通行妨害目的

事案概要

　Kは、窃盗を行った後、パトカーに追跡されて自動車で逃走し、片側1車線の道路において、A運転の車両を追い越そうとして、車体半分が対向車線に出た状態で走行していた。Kは、A車が減速して道路左側に寄って道を譲ってきたため、そのまま走行し、対向車とすれ違いざまにA車を追い抜いた。

　すると、対向車線を走行してきたB運転の車両が、K車との衝突を避けようとして急制動の措置をとった。そのため、B車に続いて走行していたC運転の自動二輪車は、転倒して滑走した。そして、C車はB車に衝突し、その反動で投げ出されたCは、K車に衝突した。この衝突事故により、Cは死亡した。

　Kは、危険運転致死、救護義務違反等で起訴された。1審は、危険運転致死等の成立を認めて、Kを有罪とした。Kは控訴し、本件では「車の通行を妨害する目的」を有しておらず、危険運転は成立しないなどと主張した。

判決要旨 控訴棄却

　Kが車体の半分を反対車線に進出させた状態で走行しA車両を追い抜こうとしたのは、パトカーの追跡をかわすことが主たる目的であったが、その際、Kは反対車線を走行してきている車両が間近に接近していることを認識していたのであるから、上記の状態で走行を続ければ、対向車線に自車との衝突を避けるため急な回避措置を取らせることになり、対向車線の進行を妨害するのが確実であることを認識していた。

　自分の運転行為によって通行妨害を来すのが確実であることを認識してい

た場合も、「人又は車の通行を妨害する目的」が肯定される。Kには対向車両の通行を妨害する目的があったから、その目的を肯定してKに危険運転致死罪の成立を認めた原判決には、法令適用の誤りはない。

解説

　刑法208条の2第2項前段（当時）にいう「人又は車の通行を妨害する目的」とは、人や車に衝突等を避けるため急な回避措置をとらせるなど、人や車の自由かつ安全な通行の妨害を積極的に意図することをいうものと解される。このため、後方からあおられたり、とっさの衝突を避けたりするため、よんどころなく相手車両の自由かつ安全な通行を妨げた場合は含まれない。

　しかし、運転の主目的が通行妨害になくとも、本件のように、自分の運転行為によって通行妨害を来すのが確実であることを認識して当該運転行為に及んだ場合には、自己の運転行為の危険性に関する認識は、通行妨害を主目的にした場合と異なるところがない。

　本件では、犯人が危険な運転行為をした直接的な目的はパトカーから逃走することにあったが、そのことを理由に「車の通行を妨害する目的」が否定されることになるかが、問題とされた。

　本判決では、自己の運転行為によって通行妨害を来すのを確実であると認識していた場合も、「車の通行を妨害する目的」が肯定される、と判示した。

◆◆ 根拠法条 ◆◆

　危険運転致死（通行妨害目的）……刑法208条の2第2項前段（当時）
　救護義務違反……道交法72条1項前段、117条2項

83 パトカー追跡を逃れるための危険運転

さいたま地裁平成16年4月9日判決

適用罪名：危険運転致死傷（信号無視）、無免許運転、酒気帯び運転、救護義務違反、報告義務違反、事故不申告
参考文献：裁判所 web

ポイント 無免許・酒気帯び・信号無視による重大事故

事案概要

　Vは、交通違反を重ねて運転免許を取り消された後も、常習的に無免許運転を繰り返していた。犯行当日も、Vはカラオケ店等で飲酒した後、無免許で自動車を運転して帰宅していた。途中、蛇行運転していたためパトカーから停止を求められたが、Vは加速して逃走し、自車を道路脇のブロック塀に衝突させて損壊する（損害額合計8万9千円相当）交通事故を起こした。

　Vは、そのまま自車を時速70〜80キロメートルで走行させ、対面信号機が赤色を表示しているのを交差点の停止線手前約88メートルの地点で認めたにもかかわらず、交差点に進入した。折から、左方道路を青色信号に従って交差点に進入してきたA（当時44歳）運転の普通乗用自動車に自車を衝突させた。その衝撃により、A車両は時計回りに回転し、後部座席に座っていたB（当時9歳）は車外に放出されて転倒し、死亡した。さらに、Aに加え、同乗していたC（当時37歳）、D（当時12歳）、E（当時3歳）も、それぞれ傷害を負った。

　この重大事故を引き起こしたVは自車を乗り捨てて、その場から駆け足で逃走した。Vは、危険運転致死傷及び道交法違反（無免許運転、酒気帯び運転、救護義務違反、報告義務違反等）で起訴された。

判決要旨 有罪（懲役10年）

　危険運転致死傷についてみると、Vは、パトロールカーの追跡を受けるや、相当の酩酊状態（犯行の数十分後に行われた飲酒検知結果によれば、呼気1リットル当たり0.4ミリグラムのアルコールが検出されている）のもとで、

時速70ないし80キロメートルもの高速度に加速し、約3.4キロメートルにわたって一時停止の交通標識や赤色信号を次々と無視して逃走を続け、挙げ句の果てに赤色信号を無視して突入した交差点内で被害車両に激突した。

青色信号に従って進行していた被害車両の側には何らの落ち度もなく、Ｖの無謀極まりない運転により、被害車両に乗っていた少年の一命が奪われ、その家族もそれぞれ加療に数週間から2か月間を要する骨折等の傷害を負わされており、結果は極めて重大である。

解説

犯人は、自宅やカラオケ店で長時間にわたり焼酎等を相当量飲んだにもかかわらず、事故さえ起こさなければよいという安易で自己本位な考えから、無免許・酒気帯び運転を開始した。その途中、パトロールカーで警らしていた警察官に蛇行運転を見咎められて停止を命じられたが、違反行為が発覚すれば逮捕されて実刑を受けることになるなどと考え、同乗者が制止するのも聞き入れず、その場から逃れるために加速して逃走し、犯行に及んでいる。

本判決では、犯人の行為は交通法規を無視し、他人に及ぼす危険性を全く顧みない自己中心的な犯行であり、およそ規範意識が欠落しているなどとして、懲役10年の実刑が下された。

◆◇◆ 根拠法条 ◆◇◆

危険運転致死（信号無視）……刑法208条の2第2項後段（当時）
無免許運転……道交法64条、117条の4
酒気帯び運転……道交法65条1項、117条の2の2
救護義務違反……道交法72条1項前段、117条2項
報告義務違反……道交法72条1項後段、119条1項
事故不申告……道交法72条1項後段、119条1項

関連判例　大阪地裁平成15年6月19日判決（判時1829号）

犯人は無免許で酒気を帯び普通車を運転し、時速70キロメートル以上の速度を出してクラクションを鳴らしながら赤信号を無視して交差点に進入したところ、交差道路から進入してきた普通車に衝突し、被害車両の乗員4名全員を死亡させた事案において、犯人に危険運転致死傷罪等が成立し有罪（懲役13年）とされた事例

84 無登録車両の危険運転致死傷

宇都宮地裁平成16年8月3日判決

適用罪名：危険運転致死傷（信号無視）、救護義務違反、報告義務違反、無免許運転、無車検車運行、無保険車運行
参考文献：裁判所web

ポイント　無保険車両の無謀運転による重大事故

事案概要

　Lは、公安委員会の運転免許を受けないで、本件当日午前3時30分頃、法定の除外事由がないのに、自動車登録ファイルに登録を受けておらず、自動車損害賠償責任保険の契約が締結されていない普通乗用自動車を運転していた。

　Lは、交差点の対面信号が赤色を表示しているのを交差点停止線手前約195メートルの地点で認め、直ちに制動措置を講ずれば停止線手前で停止することができた。にもかかわらず、これを殊更に無視し、重大な交通の危険を生じさせる速度である時速約135キロメートルで自車を運転し、交差点内に進入した。

　このため、Lは、折から右方道路から青色信号に従い交差点内に進入してきた甲（当時22歳）運転の普通乗用自動車左側部に、自車前部を衝突させた。甲車両は逸走して、路外駐車中の車両に衝突し、更に電柱にも衝突した。

　この事故により、甲及び同乗者乙（当時22歳）は重傷を負って死亡した。また、L車両に同乗していた4名も重傷を負った。Lは、同乗者の1人に口止め工作をして、大破した自車を放置して事故現場から逃走した。

　Lは、危険運転致死傷、道交法違反等で起訴された。

判決要旨　有罪（懲役18年）

　Lは、本件交差点に差し掛かり、相当手前で対面信号の赤色を認めながら、スリルを味わうためや同乗者に怖い思いをさせたいとの許し難い悪ふざけを目当てに、殊更赤信号を無視する挙に出て、一般道路においては通常想定し難い時速約135キロメートルもの高速度で、未明ながら相応の交通量が見込

> まれる幹線道路と交わる左右の見通しの悪い本件交差点に突入した。
> 　Ｌは、右方の交差道路から青色信号に従い進行してきた甲運転車両に激突させ、同車両を逸走させて路外に駐車中の車両に衝突させるなどし、甲及び同乗者乙の計２名を数時間後には死亡させるとともに、自車の同乗者４名全員に重い傷害を負わせるという大事故を惹起した。Ｌ運転車両及び甲運転車両とも大破し、とりわけ甲運転車両はほとんど原型をとどめていないことからも、本件事故の衝撃の激烈さを物語っている。

【解説】

　犯人は、深夜、知人と遊興するため、直前に飲酒しておりながら自己の普通乗用自動車を運転して出掛けて諸処を回り、コンビニで購入したビールを運転中も飲んだり、立ち寄った喫茶店の駐車場でワインを飲んだりするなどした後、知人等である同乗者４名を乗車させ、更なる飲酒をも念頭に置きつつ、ドライブがてら自車を運転進行していた。

　しかも、本件犯人は運転免許を全く取得したことがなかったにもかかわらず、知人に車両の調達を依頼して抹消登録済みの無保険車両を譲り受け、運転を繰り返すなかで本件に至っている。無免許運転は常習性が認められ、交通事故を惹起した場合の確実な引き当て資産も有しないのに無保険車両を運転している。本判決では、このような点について、身勝手で無責任な行為であると非難している。

◆◆ 根拠法条 ◆◆

危険運転致死（信号無視）……刑法208条の２第２項後段（当時）
救護義務違反……道交法72条１項前段、117条２項
報告義務違反……道交法72条１項後段、119条１項
無免許運転……道交法64条、117条の２の２
無車検車運行……道路運送車両法58条１項、108条
無保険車運行……自賠法５条、86条の３

85 睡眠時無呼吸症候群と危険運転の成否

名古屋高裁平成21年7月27日判決

適用罪名：危険運転致死（信号無視）
参考文献：WJ

ポイント
信号無視の理由についての不合理な弁解の排除

事案概要

　Qは、本件当日午前7時7分頃、大型貨物自動車を運転して交差点を直進するに当たり、対面信号機が赤色を表示しているのを交差点の停止線手前約102メートルの地点で認めた。Qは、直ちに制動措置を講ずれば停止線手前で停止できたにもかかわらず、これを殊更に無視し、時速約50キロメートルの速度で交差点に進入した。

　Qは、折から青色灯火信号に従って横断歩道を横断中の丙運転の自転車を、前方約14.2メートルの地点に認め、急制動の措置を講じたが及ばず、自車を衝突させた。この衝突事故により、丙は自転車もろとも前方にはね飛ばされ、路上に転倒して、脳挫傷等の傷害を負って死亡した。

　Qは、本件事故後間もなく逮捕され、勾留されて取調べを受けた。逮捕された被疑事実は、自動車運転過失致死であった。その後、Qは、検察官から被疑事実を危険運転致死に切り替える旨告げられて、取調べを受けた。

　Qは、危険運転致死罪で起訴された。1審は、Qの赤色信号を殊更に無視したとする捜査段階における供述は、それを認めたときの心情に関する供述が変遷しており信用できないなどとして、Qを無罪とした。検察官が控訴した。

判決要旨
原判決破棄・有罪（懲役5年）

　原判決は、Qが赤色信号を認めた直後に睡眠時無呼吸症候群の影響により眠気を全く感じないまま眠りに落ち、本件交差点直前に至って覚醒した可能性を否定することができないとする。

第 3　危険運転致死傷事犯

> しかしながら、Qは、公判において、本件事故前の状況を連続した場面として記憶しており、眠気を催したり意識が飛んだという記憶はないとも供述しており、運転状況からもQが数秒以上の睡眠により体のコントロールを失った状態にあることをうかがわせる事実は見出せない。その上、Qは捜査段階において、車両のデジタルタコグラフデータをもとに、事故に至るまでの経緯を間断なく説明している。このことは、この間Qが睡眠に陥ったことがなかったことを示している。

解説

本件は、危険運転致死（赤色信号の殊更無視）の事案である。1審は、赤色信号を認めた直後に睡眠時無呼吸症候群の影響により眠気を全く感じないまま眠りに落ち、交差点直前に至って覚醒した可能性を否定することはできないなどとして、無罪判決を下した。

これに対し、本判決は、運転車両の進行状況等によれば、犯人が対面信号機の赤色信号表示を確定的に認識し、停止位置で停止することが十分可能であったにもかかわらず、これを殊更に無視して時速約50キロメートルの速度で車両を運転して本件交差点内に進入したことに合理的疑いをいれる余地はないと判断して、1審判決を破棄して、有罪判決を言い渡した。

なお、犯人は、勤務先会社が実施した睡眠時無呼吸症候群スクリーニング検査を受けて、約1週間で本件事故を惹起した。しかし、捜査段階において同症候群の影響により睡眠状態に陥った可能性について一切供述していなかったにもかかわらず、起訴後に検査結果を知って唐突に供述するに至っており、この供述の信用性を疑わせると判断された。

◆◆ 根拠法条 ◆◆
危険運転致死（信号無視）……刑法208条の2第2項後段（当時）

関連判例　最高裁平成20年10月16日決定（判タ1295号）
犯人は普通車を運転し、パトカーに信号無視で追跡されて停止を求められたが、そのまま逃走し、交差点を進行する際に赤色信号が表示されていたが、その表示を認識しないで交差点に進入して、横断中の歩行者をはねて死亡させた事案について、犯人に危険運転致死罪等が成立するとされた事例

86 赤色信号の殊更無視

東京高裁平成26年3月26日判決

適用罪名：危険運転致死傷（赤色信号無視）
参考文献：判タ1403号

ポイント 赤色信号と車両の停止位置

事案概要

本件交差点は丁字路交差点であり、本件停止線から約46メートル先の南側出口に、横断歩道及び自転車横断帯が設置されている。

Yは大型貨物自動車を運転し、本件交差点を直進するに当たり、その入口に設置されていた停止線手前約41メートルの地点で、対面信号機が赤色信号を表示しているのを認めた。しかし、Yは時速約60キロメートルの速度で交差点内に進入し、横断歩道上を青色信号に従って横断中のA及びB（いずれも当時7歳）に、自車を衝突させた。この事故により、Aは脳挫傷等により死亡し、Bは全治約7日間を要する頭部打撲等の傷害を負った。

Yは、危険運転致死傷罪で起訴された。1審は、Yが赤色信号を殊更に無視したと認定して有罪（懲役6年）とした。Yは控訴し、赤色信号を認めた時点でブレーキを掛けても本件停止線を越えてしまう場合には赤色信号を殊更に無視したとはいえず、危険運転致死傷罪は成立しないなどと主張した。

判決要旨 控訴棄却

Yは、本件横断歩道等から約97.4メートル手前の地点で黄色信号を、同じく約87.3メートル手前の地点で赤色信号をそれぞれ認識し、同地点で直ちにブレーキを掛ければ本件停止線を越えたとしても横断歩道等の手前で停止することができ、交差点内での事故発生などの危険が生じる可能性はまずなく、本件交差点での衝突事故を回避できる状況にあった。

そもそも対面信号が赤色であるから本件トラックを進行させることが絶対

的に禁じられているのに、黄色信号を認識した時点で一旦アクセルから足を離したものの、赤色信号を認識して排気ブレーキを解除し、減速することもなくあえて従前の速度のまま進行した。およそ赤色信号に従う意思がなく、赤色信号を殊更に無視したものと評価すべきである。危険運転致死傷罪の成立を肯定した原判決の判断に誤りはない。

解説

本件は、犯人が制限速度を約20キロメートル超える速度で自動車を進行させ、赤色信号を殊更に無視して交差点内に進入し、青色信号に従って横断歩道を横断していた当時7歳の小学生2名に衝突し、1名を死亡させ、もう1名に傷害を負わせた危険運転致死傷事案である。

危険運転致死傷罪の「赤色信号を殊更に無視する」とは、故意に赤色信号に従わない行為のうち、およそ赤色信号に従う意思のないものをいう。赤色信号であることについて確定的な認識があり、停止位置で停止することが十分可能であるにもかかわらず、これを無視して進行する行為が、その典型的なものである。

停止位置で停止する可能性が問題とされるのは、赤色信号の意味として車両等が停止位置を越えて進行してはならない旨定められている（道交法施行令2条1項）ことによる。しかし、停止位置で停止できず、それを越えて進行する車両に対し、赤色信号が何も規制しないということではなく、停止位置を越えた場合にもなお進行を禁じ、その停止を義務付けるものであると解される。

◆◆ 根拠法条 ◆◆

危険運転致死傷（赤色信号無視）……刑法208条の2第2項後段（当時）

▶関連判例◀ 最高裁平成18年3月14日決定（判時1928号）

犯人は普通車を運転し、交差点で先行車両の後方に一旦停止したものの、青色表示に変わるのを待ちきれず、対向車線に進出して停止車両の側方を通過して、交差点に時速約20キロメートルで進入しようとしたところ、青信号に従って右方道路から左折してきた車両に衝突して運転者に傷害を負わせた事案について、犯人に危険運転致傷罪の成立を認めた事例

87 てんかん発作と危険運転致傷

札幌地裁平成26年9月2日判決

適用罪名：無免許危険運転致傷（病気運転）
参考文献：ＷＪ

ポイント　病気の影響による危険運転事犯

事案概要

　Mは、公安委員会の運転免許を受けないで、一般道において普通乗用自動車を運転して無免許運転をするとともに、てんかんの影響によりその走行中に発作の影響によって意識障害に陥るおそれのある状態で車を運転し、自動車の運転に支障を及ぼすおそれのある病気の影響によりその走行中に正常な運転に支障が生じるおそれがある状態で、自動車を運転した。

　Mは、本件当日午前4時7分頃、てんかんの発作により意識喪失の状態に陥り、自車を対向車線に進出させた。折から、対向進行してきた甲（当時79歳）運転の普通乗用自動車右側面部に、自車右前部を衝突させた。この事故により、甲は加療約2か月を要する腰椎圧迫骨折等の傷害を負った。

　Mは、無免許危険運転致傷で起訴された。

判決要旨　有罪（懲役1年10月）

　Mは、持病のてんかんについて十分病識があるのに、医師の処方どおりの服薬をすることを怠ることが多い状態にあった。持病の発作が起きる可能性があるということを十分認識していたのに、かつ、医師から自動車の運転も止められていたのに、これに従わず、自動車の運転を開始して本件事故を惹き起こして、被害者に重い傷害を負わせた。

　しかも、Mは、当時無免許であった。そもそも無免許運転は、自動車運転のための最も基本的な義務に違反したものであり、交通ルールを守るという基本的な意識を著しく欠いた行為として非難される度合いが高く、運転免許

制度が予定する運転に必要な適性、技能及び知識を欠くという点で、抽象的、潜在的な危険を含む行為である。無免許運転の機会に人を傷害させたという本件は、これらの危険性が現実化したと評価できる。Mは、これまでに運転免許を取得したことがなく、自ら技能や知識が不足していることを認めている。無免許運転に関するこれまでの処罰状況等に照らしても常習性がある。

本件は自動車の運転の危険性を高める要素が複数重なり、Mがそのことを認識していたのにあえて自動車を運転した事案として危険性が高く、Mは強く非難される。

解説

自動車運転死傷処罰法は、自動車の運転による死傷事件に対して、運転の悪質性や危険性などの実態に応じた処罰ができるように、平成25年に制定された。この法律には、従来は刑法に規定されていた危険運転致死傷罪や自動車運転過失致死傷罪が移されたほか、新たな危険運転致死傷罪の類型や無免許運転による死傷事犯の加重規定などが盛り込まれた。

本件で問題とされた病気のために正常な運転に支障が生じるおそれがある状態で、その状態であることを自分でも分かっていながら自動車を運転し、その結果、病気のため正常な運転が困難な状態になり、人を死傷させた場合、危険運転致死傷罪の新たな類型として処罰されることとなった。その病気には、一定の要件を加味された統合失調症、てんかん、失神障害等が政令で定められている。本件は無免許運転でもあることから、その加重規定も適用されている。

◆◆ 根拠法条 ◆◆

無免許危険運転致傷（病気運転）……自動車運転死傷処罰法3条2項、6条2項、施行令3条2号

関連判例　大阪地裁平成6年9月26日判決（判タ881号）

普通車運転者が時速約20キロで走行中、突然てんかん病の発作が起きて、歩行中の被害者2名に衝突して死傷事故を起こした事案について、運転者に業務上過失致死罪の成立を認め有罪（禁錮1年2月執行猶予付）とされた事例

88 アルコール等影響発覚免脱罪
札幌地裁小樽支部平成28年9月28日判決

適用罪名：危険運転致死（発覚免脱）、救護義務違反、報告義務違反
参考文献：裁判所 web

ポイント アルコールの影響の有無又は程度が発覚することを免れる目的

事案概要

　Gは、本件前日午後8時頃から、飲食店等でビール等多量の飲酒をした。その後、本件当日午前0時頃、友人Iから迎えに来てほしい旨電話で依頼されて、自動車で出発した。0時4分頃、Gは運転開始前に飲んだ酒の影響により、前方注視及び運転操作に支障がある状態で車を運転した。その際、携帯電話機の操作に気をとられ、対面信号機の信号表示が赤色信号を表示しているのを看過して、漫然時速約50～60キロメートルで進行した。

　Gは、折から交差点に設けられた横断歩道を青色信号に従って横断歩行中の乙（当時27歳）を前方約5メートルの地点に迫って認めたが、急制動の措置を講じる間もなく、自車を衝突させた。乙は、G車両のボンネットにはね上げられ、フロントガラスに衝突して、路上に落下した。この衝突事故により、乙は頭蓋内損傷により死亡した。

　Gは、上記交通事故を起こしたのに、運転時のアルコールの影響の有無又は程度が発覚することを免れる目的で、事故現場から逃走してI方で過ごした。

　Gは、危険運転致死及び道交法違反で起訴された。

判決要旨 有罪（懲役5年）

　Gは、本件事故の約4時間前から続けて多量に飲酒していたのであるから、酒気帯び運転に該当する程度のアルコールを身体に保有しているという認識はあったものと認められ、アルコールの影響によりその走行中に正常な運転

に支障が生じるおそれがある状態であったことについても認識していた。

本件事故後Gの車の状態を確認し、I方到着後はIの車を移動させてその駐車スペースにGの車を停めるなど車の発見を遅らせるような行動をしていること、Gは飲酒運転をして事故を起こすと重く処罰されることは認識していたことなどを併せ考えると、Gはアルコールの影響の有無又は程度が発覚することを免れる目的で、本件交差点を離れて移動してI方に留まったものと認める。

解説

従来のアルコール等影響型の危険運転致死傷罪は、客観的にアルコール等の影響により正常な運転が困難な状態にあったことを構成要件としており、犯人が逃走するなどしてアルコール等による影響の程度が立証できないときには、自動車運転過失致死傷罪と道交法の救護義務違反罪の併合罪として処罰せざるを得ない状況であった。

この種のいわゆる「逃げ得」を許さないため、アルコール等の影響によりその走行中に正常な運転に支障が生じる恐れがある状態で自動車を運転し、過失により人を死傷させた上、重い処罰を免れるため悪質性の高い行為が行われた場合は適正な処罰を可能とするため、アルコール等影響発覚免脱罪が設けられた。

◆◇ 根拠法条 ◇◆

危険運転致死（発覚免脱）……自動車運転死傷処罰法4条
救護義務違反……道交法72条1項前段、117条2項
報告義務違反……道交法72条1項後段、119条1項10号

▶関連判例◀ 最高裁平成23年10月31日決定（判夕1373号）

犯人は居酒屋等で多量の飲酒をして自動車を運転し、時速約100キロメートルで走行中、橋の上で先行車両に追突し、その衝撃により先行車両が海中に転落・水没し、3名の幼児が死亡した事案について、犯人はアルコールの影響により前方を注視して危険を的確に把握して対処することができない状態であり、危険運転致死傷罪が成立する（懲役20年）とされた事例。なお、犯人は、飲酒運転の発覚を免れようと、友人に身代わりを頼んだり、友人が持参した水を飲むなどしていた。

89 酒酔い危険運転致死傷の幇助行為
仙台高裁平成21年2月24日判決

適用罪名：酒酔い運転幇助
参考文献：WJ

ポイント
死傷者多数の重大事故の幇助罪

事案概要

Uは、Sと飲食店等において飲酒した。その後、Sは飲酒の影響により前方注視及び運転操作が困難な状態で、普通貨物自動車を時速約60キロメートルで走行させ、仮睡状態に陥った。Sは交差点の対面信号機が赤色を表示しているのを看過し、交差点に進入した。Sは、折から一時停止中のA運転の普通乗用車に自車を衝突させ、A運転車両を前方に押し出して、横断歩道上を歩行中の高校生らをひき、3名を死亡させたほか15名に傷害を負わせた。

これに先立ち、UはS車両の助手席に乗り込み、自宅まで送り届けるよう依頼した。さらに、駐車料金の一部600円を交付して、Sの危険運転致死傷の犯行を容易にさせた。UはSが酒気を帯びて運転することは知っていたものの、アルコールの影響により正常な運転が困難な状態であることまでは知らず、酒酔い運転を幇助する意思が認められた。

Uは、道交法違反（酒酔い運転）の幇助罪で起訴された。1審は、Uの酒酔い運転幇助の罪を認めたが、アルコールの影響により正常な運転が困難な状態であることまでは知らず、酒酔い運転を幇助する意思しかなかったとして罰金25万円に処した。検察官が控訴した。

判決要旨
原判決破棄・有罪（懲役1年・執行猶予5年）

Uは、飲酒運転等の常習性がうかがわれ交通ルールを守るという意識も希薄であること、本件では多数の死傷者が出ており被害者や遺族らが悲痛な被害感情を示していることなど社会的な影響にも甚だしいものがあり、これを

> 軽視することは許されず、罰金刑を選択すべき事案とは認め難い。
> 他方、正犯の犯行がもたらした結果等をUの不利益に斟酌するとしても、酒酔い運転幇助の罪として起訴された本件においてはおのずから限度があること、懲役刑前科がなく被害者らに対する謝罪の気持ちを示すなどして反省していることなどUのために酌むべき事情もあるので、懲役刑の執行を猶予するのが相当である。

解説

 本件の正犯は、飲酒により泥酔状態になったにもかかわらず、飲酒終了後直ちに付近の駐車場に駐車していた普通貨物自動車の運転を開始し、飲酒の影響により前方注視及び運転操作が困難な状態で走行したため、交差点出口の横断歩道上を信号に従って歩行中の高校生多数に衝突させるなどして、3名を死亡させ、15名に傷害を負わせるという重大死傷事故を惹き起こした。
 その正犯の危険運転致死傷事案に先立ち、本件犯人は、駐車場の車両に乗り込んで自宅まで送り届けるよう依頼した上、駐車料金の一部を負担するなどして正犯の危険運転致死傷の犯行を容易にさせた。しかし、犯人には酒酔い運転を幇助する意思しかなかったという道交法違反幇助の事案である。
 酒酔い運転の幇助罪は、人身事故を始めとして重大な交通上の危害を発生させる高度の危険性を内包する酒酔い運転の犯行を促進させる行為を処罰することにより、このような危険を防止するために導入された。本事案では、多数の死傷者を生み出した重大事故を惹き起こした酒酔い運転の幇助行為に関して、その量刑が問題とされた。

◆◆ 根拠法条 ◆◆
 酒酔い運転幇助……道交法65条1項、117条の2、刑法62条1項

90 危険運転致死傷の幇助罪
最高裁平成25年4月15日判決

適用罪名：危険運転致死傷幇助
参考文献：判タ1394号

ポイント 危険運転行為開始の了解・黙認

事案概要

　F（当時45歳）及びL（当時43歳）は、運送会社に勤務する同僚運転手であり、同社に勤務するZ（当時32歳）とは仕事の指導等をする先輩の関係にあるのみならず、職場内の遊び仲間でもあった。

　F及びLは、本件当日午後1時30分頃から6時20分頃までの間、飲食店でZらと共に飲酒した。Zが高度に酩酊した様子をその場で認識したばかりでなく、更に飲酒をするため別の場所に向かってZがスポーツカータイプの普通乗用自動車で疾走する様子を見て、「あんなに飛ばして大丈夫かな」などと話し、Zの運転を心配するほどであった。

　Fらは目的の店に到着後、駐車中のZ車両に乗り込んで、開店を待っていた。Zから「まだ時間あるんですよね。一回りしてきましょうか。」などと、付近道路を走行させることの了解を求められた。Fは顔をZに向けて頷くなどし、Lは「そうしようか」などと答え、それぞれ了解を与えた。

　これを受けて、Zは、アルコールの影響により正常な運転が困難な状態で本件車両を発進させて、同日午後7時25分頃、本件車両を時速約100～120キロメートルで走行させて対向車線に進出させ、対向車2台に順次衝突させた。この衝突事故により、2名を死亡させ、4名に傷害を負わせた。

　Fらは、その間先に了解を与えた際の態度を変えずに、Zの運転を制止することなく車両に同乗し、これを黙認し続けた。

　F及びLは、危険運転致死傷の幇助罪で起訴された。原審は、Fらを有罪とした。Fらは上告した。

|判|決|要|旨|　上告棄却

　ZとF及びL両名との関係、Zが両名に本件車両発進につき了解を求めるに至った経緯及び状況、これに対する両名の応答態度等に照らせば、Zが本件車両を運転するについては、先輩であり同乗している両名の意向を確認し、了解を得られたことが重要な契機となっている。
　F及びL両名は、Zがアルコールの影響により正常な運転が困難な状態であることを認識しながら、本件車両発進に了解を与え、Zの運転を制止することなくそのまま車両に同乗して黙認し続けたと認められる。
　F及びL両名の了解とこれに続く黙認という行為が、Zの運転の意思をより強固なものにすることにより、Zの危険運転致死傷罪を容易にしたことは明らかであって、F及びL両名に危険運転致死傷幇助罪が成立する。

|解|説|

　刑法62条1項の従犯とは、他人の犯罪に加功する意思をもって、有形、無形の方法によりこれを幇助し、他人の犯罪を容易ならしむるものである（最高裁昭和24年10月1日判決）。
　本件では、同乗者2名が運転者の危険運転行為を了解、黙認したと認められるか、さらに危険運転致死傷罪の幇助罪が成立するか、が問題とされた。
　この点に関して、本判決では、事実関係を具体的に検討し、外形的な積極性が乏しい了解、黙認について、本犯の意思をより強固なものとして、犯罪遂行を容易にしたと判断し、危険運転致死傷罪の幇助犯の成立を認めた。

◆◇ 根拠法条 ◆◇
危険運転致死傷幇助……刑法62条1項、208条の2第1項前段（当時）

第4 交通警察の諸問題

暴力団員による暴走行為者追跡
福岡地裁平成14年9月19日判決

適用罪名：傷害致死、救護義務違反、報告義務違反
参考文献：裁判所 web

ポイント　車両による幅寄せ・あおり行為による暴行

事案概要

　甲及び乙（当時共に17歳）らは、午前3時過ぎから6台のバイクで時速20～30キロメートルの低速で、蛇行運転や空ぶかしなどの集団暴走行為を行い、後続の一般車両が次第に渋滞し始めた。暴力団員のGとKは、Kの出所祝いでスナック等において飲酒し、Gが車両を運転して帰宅の途についた。Gらは、間もなく暴走集団に遭遇した。Gは、進路を開けるようにクラクションを鳴らしたところ、暴走集団の1台のバイクが減速し、G車両と接触した。
　Gは、年上の組員から借りた自動車に傷を付けられたとして激しい怒りを覚え、責任を取らせるために集団の誰かを捕らえようと考え、暴走集団の追跡を始めた。Gは、時速70～80キロメートルを超える速度まで急加速して追跡した。
　Gは、自車を甲運転バイクの進路前方を塞ぐように進行させて幅寄せし、Kがバイク後部座席の乙の身体を手でつかむなどの暴行を加えた。このため、甲の正常なハンドル操作が著しく困難になって、バイクは歩道縁石に接触し、バイクもろとも路上に転倒した。この事故により、甲及び乙は重傷を負って死亡した。
　Gは上記交通事故を起こしたのに、救護措置等を講ずることなく、別の少年の自動二輪車を追いかけた。
　Gは、傷害致死及び道交法違反で起訴された。

判決要旨　有罪（懲役8年）

　犯行態様は、甲らの自動二輪車を追跡し幅寄せやあおり行為を繰り返した上、Gが高速度で走行中の車両を甲車に接近させて幅寄せし、Kが後部座席

の乙の体をつかんだというものである。走行安定性に劣る自動二輪車に対しこのような暴行を加えれば、甲の運転操作にわずかな狂いが生じても、本件車両や歩道の縁石等との間で接触するなどして転倒し、甲らが重篤な傷害を負い、場合によっては死亡の結果が生じることは容易に予想できる。

Gは、本件車両を運転して幅寄せをして甲らが転倒する重大な原因を作ったものであり、Gが幅寄せを行わなければ、Kが乙の体をつかむこともなかった。本件犯行を主導的に行ったGの責任は、極めて重い。

解説

本件犯人は、自動車を運転して仲間を自宅に送り返す途中、被害少年らの集団が暴走行為を行っているのに遭遇した際、自動二輪車と車両とが接触したとして激高し、修理代などの責任を取らせるため、自動二輪車を停車させようとして、本件犯行に及んでいる。犯人の行為は、少年らの暴走行為をきっかけとしてなされたものであるが、車両による幅寄せやあおりという非常に危険なものであった。

本件においては、犯人が意図的に自動二輪車と接触しなかったとしても、幅寄せ行為は刑法上の暴行に該当すると判断された。それは、犯行車両や被害車両の走行状況、本件現場が片側1車線でその幅が約3.3メートルでゆるやかに湾曲しており、犯人の幅寄せ行為によって被害者の運転操作にわずかな狂いが生じれば、転倒し、傷害を負う事態が生じる危険性が高いため、幅寄せ行為は人の身体に対する有形力行使に当たる、と考えられたからである。

◆◆ 根拠法条 ◆◆

傷害致死……刑法205条
救護義務違反……道交法72条1項前段、117条2項
報告義務違反……道交法72条1項後段、119条1項

関連判例　東京高裁平成16年12月1日判決（判時1920号）

犯人らは相手車両に幅寄せされたと立腹し、追跡行為を行い、幅寄せ行為や進路妨害を行って相手車両を停止させたが、その後相手運転者が隙を見て逃走し、橋の上から転落して死亡した事案について、犯人らの追跡行為は不法な有形力行使に当たるとして、傷害致死罪の成立を認めて有罪（懲役4年）とした事例

92 急ブレーキによる傷害致死

静岡地裁平成15年7月2日判決

適用罪名：傷害致死
参考文献：裁判所 web

ポイント 車両急停止と傷害の未必的故意

事案概要

　Sは、大型自動車免許を取得後、ダンプカー運転手として砂利運搬業務に従事していた。Sは、本件当日午前5時頃、ダンプカーを運転して一般道を時速約60キロメートルで進行していた。その頃、丙（当時20歳）が普通乗用自動車で進行してきて、S車後方を10メートル前後しか車間距離を空けずに追従してきた。

　Sは追越しをさせまいとして速度を時速約80キロメートル近くまで上げて走行したが、丙車も同様の走り方をして追従を続けてきた。Sは、丙車が対向車線にはみ出すなどして追い越すような素振りを見せていながら、追い越さずにS車のすぐ後ろに車間距離を詰めて追従してくるのを見て、いら立った。

　Sは、丙にあおられてからかわれていると感じて憤激し、アクセルペダルを踏み込んで時速約80キロメートルまで一旦加速した後、排気ブレーキを作動させフットブレーキを掛けて急制動の措置を講じて、自車を急停止させた。丙車はS車に衝突した。この衝突事故により、丙は硬膜下血腫の傷害を負って死亡した。

　Sは、傷害致死で起訴された。

判決要旨 有罪（懲役5年）

　Sは、丙がS車を追い越すかのように対向車線に出たり、車間距離を詰めあおるように追従してきたのに憤激し、急停止させて丙に危険な思いをさせたいと考え、衝動的に本件犯行に及んだ。丙がS車を追従した時間はわずか1分余りのものであって、本件犯行の危険性を比すると、あまりにも無思慮かつ短絡的で、動機に酌量の余地はない。

大型ダンプカーであるＳ車と普通乗用自動車である丙車の総重量は、7倍近い差があり、その構造や材質等からすれば、本件犯行によって丙車のみに重大な危害を与え、丙を負傷させることは容易に想像でき、犯行態様は誠に危険かつ悪質というほかない。
　丙には、十分な車間距離をとらずに高速度でＳ車に追従してＳを刺激し、本件を誘発したという点はあるけれども、本件被害に遭わなければならないほどの落ち度はない。本件により丙の生命が奪われたのであるから、生じた結果は誠に重大である。

解説

　本件は、大型ダンプカーを運転していた犯人が、そのすぐ後方を走行していた被害者運転の普通乗用自動車の運転態様に立腹し、衝突させて被害者に傷害を負わせるかもしれないが、そうなってもやむを得ないと思いつつ、急ブレーキを掛けて自車を急停止させ、自車後部に被害車前部を衝突させて、被害者に重傷を負わせた結果、死亡させるに至った傷害致死事案である。
　本件における傷害の故意の認定に関しては、急制動時、被害者が車両後方を急停止に必要な車間距離を空けずに同程度の速度で走行していることを予測しながら、時速約80キロメートルから突如急停止したことが認められ、このような状況で急停止をすれば後続車が衝突し、それにより何らかの傷害を負わせる事態になるかもしれないことを認識していた、と認められた。それにもかかわらずあえて実行に及んでいることから、犯人には少なくとも傷害についての未必的故意があった、と判断された。

◆●◆ 根拠法条 ◆●◆

　傷害致死……刑法205条

93 仙台アーケード街暴走事故

仙台地裁平成19年3月15日判決

適用罪名：殺人・殺人未遂、業務上過失致死傷、救護義務違反、報告義務違反、建造物等以外放火
参考文献：裁判所 web

ポイント　繁華街における人命無視の暴走行為

事案概要

　Mは、本件当日午前9時4分頃、普通貨物自動車（4トントラック）を運転して時速約40キロメートルで走行中、交差点に差し掛かり、赤信号を看過して横断歩道上に進入させた。そして、青色信号に従って横断していた歩行者らに衝突した上、対向車線に進出し停止した。Mは、とっさに逃走しようと決意した。

　Mは、本件トラックを後退させて、右にハンドルを切って前進し、歩行者専用道路であるアーケード街に進入した。本件アーケード街は、車両通行禁止の交通規制が行われている歩行者専用の直線道路であった。Mは、時速約58〜66キロメートルで約150メートル直進し、徒歩で通行していた被害者らに本件トラックを衝突させた。さらに、Mはトラックを停止することなく、時速約55キロメートルで約250メートル直進し、歩行者に衝突させて路上に転倒させた。

　Mは、さらに約100メートル直進し、トラックを停止させて、用意していたペットボトル入りの軽油約370ミリリットルを身体に振り掛け、点火して、焼身自殺を図った。しかし、熱さに耐え切れなくなって、火の点いたトレーナーを脱いで、上半身裸で本件トラックから降りた。

　Mは、警察官に緊急逮捕され、殺人・殺人未遂、業務上過失致死傷、救護義務違反、報告義務違反、建造物等以外放火で起訴された。

判決要旨　有罪（懲役28年）

　業務上過失致死傷の犯行についてみると、Mは、かねてより幻聴等に悩まされ、本件当時は自殺を思い詰めて本件トラックを運転していたところ、注

意力が散漫となって赤色信号を看過したもので、信号機の表示に留意し、赤色信号に従って停止するという最も基本的な注意義務に違反した過失は重大である。本件により、青色信号に従って道路を横断していた被害者3名が、本件トラックに衝突されたり、被衝突者に衝突されて転倒し、1名が死亡し、2名がそれぞれ加療約3か月間を要する重傷を負い、結果も重大である。

殺人、殺人未遂の犯行は、逃走の目的でとっさに目の前のアーケード街に進入して、トラックを暴走させたものと認められ、自己保身のみを優先し、多数の歩行者等の存在を全く無視した卑劣で身勝手かつ短慮な犯行動機に酌むべき事情は微塵もない。犯行態様は、歩行者専用道路であるアーケード街において、4トントラックを時速約50～60キロメートルもの高速度で走行し、回避措置を全く講じることがないまま、背後から被害者らに衝突し、うち1名の被害者をれき過したもので、危険で残虐な犯行である。犯行により、被害者2名が生命を奪われ、被害者2名がそれぞれ入院加療101日間と全治約2か月間の重傷を負ったもので、その結果は誠に重大である。

解説

公判において、弁護人は、事実関係は争わなかったものの、犯人が統合失調症による幻聴等を生じていたので、心神喪失あるいは心身耗弱であったなどと主張した。これに対し、本判決では、鑑定証拠等を詳細に吟味し、犯人は犯行当時、是非弁別能力及び行動制御能力を相当程度障害されていたものの、なお完全責任能力を有していたと認め、有罪とした。

本判決について、検察官は量刑不当で控訴し、仙台高裁において、犯人の殺人等に対する確定的故意が認められ、犯人は無期懲役の刑に処せられた(仙台高裁平成20年3月7日判決)。

◆●◆ 根拠法条 ◆●◆

殺人・殺人未遂……刑法199条、203条
業務上過失致死傷……刑法211条(当時)
救護義務違反・報告義務違反……道交法72条1項、117条2項、119条1項
建造物等以外放火……刑法110条

ひき逃げを装った殺人
大阪地裁平成21年1月16日判決

適用罪名：殺人
参考文献：裁判所web

|ポイント| 自動車を使用した殺害行為

|事案概要|

　Qは、自動車販売店勤務などを経て自動車販売修理業を営んでいた。Qは事業が軌道に乗らないことから、コンビニエンスストアのアルバイトに応募して採用され、甲の経営する店で夜勤アルバイトとして働き始めた。Qは、甲の内妻Eと知り合い、その後親密な関係になった。

　Eは、一時は甲と別れてQと同居生活をしたが、その後再び甲と同居していた。しかし、Eは、これまでの関係を清算してQと一緒になろうと考えた。EはQに対し、甲殺害の話を持ちかけた。Qは、甲を殺害してEと一緒になろうと決意し、自ら甲を殺害することを伝え、Eの賛同を得た。

　Qは、甲の自動車に細工をして交通事故を起こさせることを思い付き、自動車タイヤのねじを外すなどの工作をしたが、交通事故を起こすには至らなかった。さらに、Qは、道路を歩いている甲を自動車ではねて殺害し、そのまま逃げるという方法を考え、Eの同意を得た。

　Qは、Eと共謀の上、甲（当時36歳）を殺害しようと企て、本件当日午前8時27分頃、普通乗用自動車を運転して、歩行していた甲に後方から接近し、自車を時速約60キロメートルに加速して甲の背後から衝突させ、甲をはね上げてフロントガラスに激突させ路上に転倒させた。この衝突事故により、甲は頭蓋骨骨折等の傷害を負って死亡した。

　Qはそのまま逃走し、Eに計画どおり甲をはねたことを電話した。犯行に使用した自動車は一旦隠した後、その日の夜に河川に沈めた。

　Qは、殺人で起訴された。

|判|決|要|旨|　**有罪（懲役18年）**

> 　Qは、Eと一緒になろうと考え、Eと共謀の上、甲を殺害した。その動機に酌量の余地はない。自動車を加速させ、後方から衝突させるという態様は、非常に危険かつ悪質なものである。Qらは事前の打合せに基づき、甲を待ち伏せた上で本件犯行を実行したもので、計画的な犯行である。
> 　甲は、EがQとの交際を続けることに苦しみ、ときにはけんかをしながらも、関係を修復しようと努力していたにもかかわらず、幼い娘を残して殺害されたのであって、その無念は察するに余りある。

|解|説|

　本件は、交際相手の女性と一緒になるために、内縁の夫である被害者を殺害しようと企て、同女と共謀の上、自ら自動車を運転して、道路を歩いている被害者をはねて殺害した事案である。

　自動車によるひき逃げを装った殺害計画を共謀してから、犯人は被害者の行動を探っていたが、被害者が待ち伏せている道を通らなかったり、他の者に自宅まで送ってもらい帰ってきたなどして、計画を実行することができない状況もあった。しかし、共謀した女からの連絡により、前夜から自動車内で待機して朝方の通勤時間帯に計画を実行した。

◆◆　**根拠法条**　◆◆
　殺人……刑法199条

▶**関連判例**　大阪地裁平成2年3月7日判決（判タ768号）
　犯人は情交関係の露見を恐れて、自動車のボンネットにしがみついている被害者を蛇行運転によって地面に振り落として頭蓋骨骨折等の重傷を負わせた事案について、犯人に殺人未遂罪が成立するとして有罪（懲役3年）とされた事例

95 外車損害を装った保険金詐欺
福岡地裁小倉支部平成14年9月12日判決

適用罪名：詐欺
参考文献：裁判所 web

ポイント 物損事故偽装による多額の保険金詐取

事案概要

　Rは、共犯者らと共謀の上、交通事故を装い、農業協同組合から自動車共済金を詐取しようと企て、犯行当日午後8時過ぎ、軽四輪乗用自動車を駐車中の外車 a に故意に衝突させた。その後、自動車共済契約に基づき、不慮の交通事故により、Rが運転する外車 a に損害を与えたように装い、自動車共済金支払請求書を提出するなどして対物賠償共済金及び車両共済金の支払を請求し、合計692万円余を振込送金させた。

　また、Rは、別の共犯者らと共謀の上、交通事故を装い、保険会社から対物賠償保険金名下に金員を詐取しようと企て、犯行当日午後6時30分頃、駐車場において普通乗用自動車（国産車）を駐車中の外車 b に故意に衝突させた。その後、自動車保険契約に基づき、不慮の交通事故により、共犯者が運転する外車 b に損害を与えたように装い、自動車保険金請求書を提出するなどして対物賠償保険金の支払を請求し、合計240万円を振込送金させた。

　さらに、Rは、別の共犯者らと共謀の上、交通事故を装い、保険会社から自動車保険金を詐取しようと企て、犯行当日午後7時50分頃、駐車場において普通乗用自動車（国産車）を駐車中の外車 c に故意に衝突させた。その後、自動車保険契約に基づき、不慮の交通事故により、外車 c に損害を与えたように装い、自動車保険金請求書を提出するなどして対物賠償保険金等の支払を請求し、合計155万円余を振込送金させた。

　このほか、同様の手口で3件の偽装事故により保険金を請求し、合計450万円余を振込送金させた。

　Rは、詐欺罪で起訴された。

|判決要旨| 有罪（懲役4年6月）

> 　Rは、平成5年、10年にいずれも詐欺罪で実刑判決を受けながら、自己の自動車や保険制度についての豊富な知識を生かして本件犯行を画策・計画し、それらの具体的過程等において、いずれも中心的な役割を果たし、多くの友人や知人を犯罪に巻き込んだほか、本件だけでも総額数百万円の利得を得ている。利得金は遊興費や借金の返済等に費消して被害弁償が何らなされておらず、被害者側の処罰感情も当然大きい。
> 　本件犯行の具体的計画・内容等を見てもRの狡猾さがうかがわれ、本件犯行の動機に何ら酌むべき点はない。犯情は殊のほか悪質であって、Rの刑事責任は重大である。

|解説|

　本件は、犯人が、複数の共犯者とともに交通事故を装い、保険会社や農業協同組合から自動車保険金ないし自動車共済金名下に金員をだまし取った詐欺の事案である。いずれも道路上や駐車場に駐車中の外車めがけて自動車を故意に衝突させて、物損事故を装い、保険金等をだまし取っていた。被害車両が外車ということで、より多額の保険金を詐取しており、犯行は計画的に敢行されていた。

　本件犯行は、いずれも犯人を含めて4人又は5人の共同行為によるもので、共犯者の総勢は12人となる大掛かりなものであり、被害総額も1,500万円以上にものぼるものであった。本件のような偽装事故による保険金詐欺犯罪が繰り返されれば、掛け金の値上がりなど、自動車保険制度を利用している一般の善良な利用者が、多大な迷惑を被ることになる。

◆◆ 根拠法条 ◆◆

詐欺……刑法246条1項

▶関連判例 　大阪高裁平成4年11月19日決定（判タ831号）

　犯人は自賠責保険の保険金をだまし取るため故意に追突事故を起こし、この偽装事故により業務上過失傷害で略式命令を受けたが、後に偽装事故が発覚して詐欺の幇助として有罪判決を受けたところ、前に受けた略式命令の再審を請求した事案について、このような再審請求は禁反言の原則に反して許されない、と判断された事例

96 多重追突事故の偽装
神戸地裁平成15年5月14日判決

適用罪名：詐欺
参考文献：裁判所web

ポイント 詐欺グループの仲間割れと錯誤の認識

事案概要

Vは、自動車事故を偽装して保険会社から保険金支払い名下に金員を詐取しようと企て、Oら15人と共謀の上、乙火災保険株式会社の任意自動車保険に加入し、共犯者が運転し、同乗する普通貨物自動車を、別の共犯者が運転・同乗する普通乗用自動車に故意に衝突させ、更に別の2台の自動車に対しても、順次故意に衝突させた。

Vらは、乙社損害サービス課の係員に対して、真実は、事故はVらが故意に惹起したもので保険金請求ができない場合であるのに、これを秘して、あたかもその事故が過失による追突事故で保険金請求ができる場合であるかのように申し向け、前後27回にわたり、休業損害証明書及び免責証明書を提出するなどして保険金の支払方を請求し、その旨誤信させ、合計653万円余を振込入金させた。

Vは、詐欺罪で起訴された。

判決要旨 有罪（懲役1年10月）

　本件犯行は、いわゆる保険金詐欺という利欲的で反社会性の強い犯行である。本件犯行において、Vは犯行の首謀者に次ぐ地位にあって、多数の共犯者らを犯行に巻き込んだ上、保険金請求の窓口となって休業損害証明書を偽造するなどして保険会社との交渉に及ぶなど、不可欠な役割を果たした。
　その具体的な犯行の態様も、4台の自動車を準備して多重追突事故を偽装するなど大胆かつ悪質であり、保険金請求も執拗であって、被害額も多額である。共犯者らが打合せのとおり通院をせず、詐取できる金額が減じたとし

て、首謀者と共に同人らを脅して金員を交付させ、これを受領した。Ｖは、罰金前科4犯、懲役前科1犯（執行猶予付き）を有する者であり、当時、無為徒食中の暴力団員であった。これらに徴すると、Ｖの刑事責任は重大であり、実刑は免れないと思料する。

解説

　本件は、犯人グループの一人が、かねて打合せの偽装事故に伴う保険金請求のため必要となる通院を怠ったことで責められ、ペナルティとして金員を恐喝されそうになって窮し、警察署に出頭し、保護を求めて発覚した。弁護人は、この点に関して、本件保険金請求の途中段階で、保険会社も本件事故は偽装事故であることを認識していたため詐欺行為は成立せず、警察の「泳がせ捜査」となっていたなどと主張した。

　これに対し、本判決では、捜査機関においては、出頭した共犯者の自白調書は得ていたものの、共犯者多数の組織的な保険金詐欺事件として、保険会社関係者から本件保険金請求・給付手続等について事情聴取を進め、偽装事故の作出経過等につき捜査を重ね、事件の全容解明と共犯者多数の起訴を目指していた。したがって、当時、相応の嫌疑は存在したものの、客観的には、必要な捜査を遂げなければ共犯者らに対する起訴不起訴を決し難い段階にあり、警察の捜査手法には格別問題とすべき点はないと判断した。

　また、保険会社に関しても、本件事故が保険金詐取目的の偽装事故ではないかとの疑念を抱いていたとしても、捜査機関においてすらあくまで嫌疑に止まるものであったので、保険会社としては自らの判断にしたがって保険金給付を継続するか否かを決するほかなかったのであり、そのような状態で保険金支払いを続けたとしても担当者の錯誤が解消されたということはできない、と判断された。

◆◆ 根拠法条 ◆◆

　詐欺……刑法246条1項

偽装事故の否認
神戸地裁平成25年7月9日判決

適用罪名：詐欺
参考文献：裁判所 web

ポイント 周到に準備された偽装交通事故

事案概要

　Yは、Nらと共謀の上、故意に交通事故を作出して保険金支払名下に金員を詐取しようと企て、本件当日午後11時30分頃、真実はN所有の軽四輪乗用自動車をJ所有の普通乗用自動車に故意に衝突させたのに、交通事故を起こしたとして、Nらが負傷し、車両が損傷したように装った。
　この事故により、Nらは、自動車保険契約（任意保険）を締結していた保険会社のサービスセンター等に対し、内容虚偽の事実を記載した自動車保険金請求書、診療報酬明細書等を提出し、人身傷害補償保険等の支払を請求し、N名義の普通預金口座等に合計1,219万円余りを振込入金させた。さらに、同様な方法により、別の保険会社2社からも、合計456万円余りを振込入金させた。
　Yは、詐欺罪で起訴された。公判において、Yは本件偽装事故への関与を否認した。

判決要旨 有罪（懲役3年6月）

　共犯者の一部とされるNらは、Yから本件詐欺の話を持ちかけられ、Y主導で本件が実行された旨の具体的な証言をしている。Nは、本件前に自分が行った偽装事故による保険金詐欺（休業損害に係る詐欺を主体とするもの）の話をYにしたが、ばれる確率が高い、別にもっといい手段があるなどと言われた。Yからの電話で偽装事故による保険金詐欺をやるかと誘われ、すぐにこれに乗った。その後、知り合いの行政書士を通じて傷害保険のことを詳しく聞き、自分の取り分は300万円が欲しいと伝えるなどした。そして、Y

からの指示に従って複数の保険に加入するなどしていたところ、偽装事故を実行する旨の連絡を受けた。Yの指示・主導で本件偽装事故が実行された。詐取金は後日、Yに言われて自分らの取り分を除いたものを5回に分けてYに手渡した、などと証言している。

ところで、偽装事故が起こされた数か月後に、NがYに計算表を渡した事実、及び、計算表が何らかの偽装交通事故に関係するものであることは、証拠上明らかで、当事者間に争いもない。本件を含む一連の偽装交通事故に絡んだ詐欺事件の全てに関わったNが、本件計算表に出てくる共犯者と共に詐欺に及んだ事件は、本件以外になく、計算表は本件の偽装交通事故に関するものであることが、容易に認められる。

解説

本件は、共犯者多数の悪質な保険金詐欺事案であり、1回の偽装交通事故により総額1,600万円余りを詐取している。本件首謀者は、共犯者から以前犯した偽装交通事故による保険金詐欺の話を聞いた際、儲け額が200万円程度と少なかったため、その程度の儲けで警察に捕まるリスクを負えないと話していた。

さらに、警察に捕まるリスクを負うのであれば、1,000万円以上の儲けを出すために、傷害保険、共済保険、生命保険等いろいろな保険をかけて、1回の偽装事故によって大量にもらうという手口を行う、と共犯者に話していた。本件は、このように周到な事前準備を行った上で敢行された。

共犯者は、本件計算表を渡したのは、首謀者との間で自分の取り分が300万円と約束していたのに、共犯者と併せて3人分の取り分が300万円であると言われたため、自分の取り分はあくまで300万円が妥当であることを示すためであった旨証言していた。その内容は、各人の取り分の点を始め本件計算表の記載とも整合するだけでなく、共犯者らが保険金等を一部しか受け取っていない段階で本件計算表を首謀者に示したことの理由や事情も、容易に理解できると判断された。

◆■ 根拠法条 ■◆

詐欺……刑法246条1項

98 飲酒運転の身代わり
神戸地裁平成14年1月30日判決

適用罪名：酒気帯び運転、犯人隠避教唆、傷害
参考文献：裁判所web

ポイント　未成年者に対する身代わり強要

事案概要

　L及び丙は、球場において高校野球を多量のビールを飲みながら観戦した後、Lの運転により自動車に乗車して走行していた。途中の道路でガードマンが交通整理をしていたが、Lはこれを避けようとしてガードレールに衝突した。Lは自動車から降車し、ガードマンに対して因縁をつけ、顔面を手拳で殴打するなどの暴行を加えた。

　Lは、未成年の丙に対して、「君が運転していたことにしてくれへんか。物損やから大丈夫や。修理代とかお金は全部俺が払うから」などと依頼した。丙は、Lに逆らうと怖いと思い承諾した。

　その後やって来た警察官に誰が運転していたかを聞かれ、丙は自分である旨を答え、酒気帯び運転の現行犯人として逮捕された。約3月後、Lが別件で逮捕されたため、丙は本当のことを言っても仕返しされないだろうと思い、警察の事情聴取を受けた際に、Lに頼まれ嘘を言ったと供述した。

　Lは、道交法違反（酒気帯び運転）、犯人隠避教唆、傷害で起訴された。

判決要旨　有罪（懲役5年）

　酒気帯び運転の犯行は、Lが球場での高校野球の観戦中に多量のビールを飲みながら普通乗用自動車の酒気帯び運転に及んだというものであって、動機にもとより酌むべきものはなく、酒気帯びの程度も高く、運転開始後間もなく物損事故を起こす実害も生じている。

　犯人隠避教唆の罪は、Lが前記の犯行についての自らの刑事責任を免れる

> ため、未成年の同乗者が運転していたことにするよう依頼したというものであって、その行為は卑劣であるだけでなく、実際に誤った刑事処分を招く危険も小さくなかった。
> 　傷害の犯行は、Ｌが物損事故を起こした原因を交通整理をしていたガードマンにあると一方的に決め付けて、暴行を加え傷害を負わせたというものであって、犯行の動機原因は自己中心的で理不尽というほかない。

解説

　本件は、犯人が、酒気帯び運転（呼気１リットルにつき0.5ミリグラムのアルコールを身体に保有する状態）をして、その責任を同乗者に押し付けるため犯人隠避を教唆し、物損事故を起こした原因を交通整理をしていたガードマンにあるとして暴行を加えて傷害（加療約５日間を要する顔面打撲傷等）を負わせ、更に交際していた女性に対し、数回にわたり暴行を加えて傷害（加療約40日間を要する脳挫傷等）を負わせた事案である。

　身代わりを求められた者は、当時は未成年（19歳）であり、犯人は暴力団と関係があると聞かされていた上、以前に返事の仕方が悪いといって殴られた上、仰向けに倒され乗りかかられ、顔のすぐ横に包丁を突き立てて「殺すぞ」などと言われて脅された経験があった。このため、犯人に逆らうと怖いと思い、身代わりを承諾していた。

◆◆ 根拠法条 ◆◆

　酒気帯び運転……道交法65条１項、117条の２の２
　犯人隠避教唆……刑法61条１項、103条
　傷害……刑法204条

▶関連判例　仙台地裁平成15年５月28日判決（判タ1185号）

　暴走族グループの総長が仲間と集団暴走行為をしたが、警察の捜査が及んでいると感じて、後輩に対して身代わりを依頼し、警察に出頭させた事案について、暴走族総長に共同危険行為及び犯人隠避教唆等の罪が成立し有罪（懲役９年）とされた事例

99 追突されたバス運転手の身代わり

名古屋地裁岡崎支部平成15年10月18日判決

適用罪名：犯人隠避
参考文献：裁判所web

[ポイント] 会社上司の依頼による身代わり

[事案概要]

　Jは、道路運送法による自動車運送事業等を営む鉄道会社の自動車営業所において、バス運転士として勤務していた。

　同じ営業所でバス運転士として勤務していた戊は、国道において、運転免許が失効しいわゆる無免許であるのに、定期路線バス（本件バス）を運転していたところ、普通乗用自動車に追突されるという交通事故に遭遇した。

　事故当日、自動車営業所に運行主任、営業主任、総務主任としてそれぞれ勤務していた職員3人は、本件交通事故に関して警察官が捜査に乗り出していることを知ると、戊が無免許であり道交法違反の罪を犯した者であることを認識しながら、戊の処罰を免れさせる目的で、Jが本件バスを運転していたと装うことを企てた。そして、Jに対して、戊の身代わりとなって本件バスの運転をしていたと名乗るように頼み、その了解を得た。

　Jは、戊が無免許運転の犯人であることを知りながら、営業所において、本件バスの実況見分のため訪れた警察官に対し、本件バスを運転していた者であると名乗り出た。また、「ギアが抜けたショックだと思い、ぶつかったとは思いませんでした」などと虚偽の供述をした。翌日には警察署において「今回、私が交通事故に遭いました」などと虚偽の供述をして、犯人である戊を隠避させた。

　Jは、犯人隠避で起訴された。

[判決要旨] 有罪（懲役10月・執行猶予2年）

　Jは、身代わりを立てることを考えた上司3人から頼まれるままに、本件

> 犯行に及んだ。しかし、たとえ上司の依頼ないし命令で、同僚である犯人庇護のためとはいえ、明らかに違法な行為を承諾し、身代わりとして名乗り出るという重要な役割を果たしたことは、無思慮かつ法を軽視したものとして厳しい非難を免れない。
> 　本件犯行により刑事司法作用を阻害し、捜査官による無免許運転の発見を遅れさせるという重大な結果が生じている。本件は、公共的な旅客運送会社の従業員による犯人隠避事件として大きく報道され、地域社会に与えた影響も軽視できない。Ｊの刑事責任を軽微なものとみることはできない。

解説

　本件は、バス運転手である犯人が、上司等と共謀し、バスを無免許で運転していた際に交通事故に遭遇した同僚運転手の身代わりとなり、警察官に対し自らが運転していたなどと虚偽の供述をした犯人隠避事案である。

　本件犯行は、上司でもある共犯者らの主導によるものであって、犯人は上司の依頼ないし命令を断わることは困難な一面があることは否定し難い。また、犯人は、上司から呼ばれると直ちにその場で加担を求められて決断を強いられたため、他の上司や同僚らと相談したり熟慮する時間や余裕もなかったこともあり、その動機や経緯に同情すべき点もあると判断された。

　交通違反のうち、駐車違反についても、身代わり出頭が問題となっている。身代わり出頭した場合は犯人隠避行為となり、身代わり出頭を促した場合も犯人隠避教唆となる。犯人隠避行為には、捜査機関の発見や逮捕を免れさせる全ての行為が含まれる。

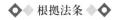

犯人隠避……刑法103条

飲酒運転の口裏合わせ
札幌高裁平成17年8月18日判決

適用罪名：犯人隠避、酒気帯び運転幇助
参考文献：裁判所 web

ポイント　犯人が死者となった場合の隠避行為

事案概要

　乙は、本件事故前日、仲間3人と居酒屋で飲食し、500cc入りのビールを5杯くらい飲んで相当酔っていた。Hは、駅で乙ら4人と合流し、自動車に乗せた。車内で乙ら4人はハイテンションで大騒ぎをしており、乙が「もっとスピードを出せ」と言ったりしていた。

　その途中、Hは、自動車の運転を乙に替わった。乙は、運転を替わった直後から、急発進や蛇行運転を繰り返すなど異常な運転をしていた。その後、乙は交通事故を起こし、運転していた乙と同乗者1人が死亡し、Hを含め3人が生存していた。Hら3人の生存同乗者は、乙の酒気帯び運転が発覚すると都合が悪いと口裏を合わせ、警察官に対してHが運転していたと虚偽の事実を述べていた。

　警察では、本件事故当日に既にHが身代わり犯人ではないかとの疑いをもち、捜査を開始した。その後、Hを含め関係者に対する事情聴取や実況見分、引き当たり捜査等を行った。その結果、Hは酒気帯び運転の幇助及び犯人隠避の容疑で家裁に事件送致がなされた。

　Hは事故発生時には19歳2か月であったが、検察官の家裁への事件送致は約9か月後になされた。家裁裁判官は、検察官への逆送決定を行った。

　Hは、犯人隠避及び道交法違反（酒気帯び運転）幇助で起訴された。1審は、Hを有罪とした。Hは控訴し、犯人隠避罪の「罪を犯した者」に死者は含まれないので犯人隠避罪は無罪となるなどと主張した。

判決要旨　控訴棄却

　Hが警察官に虚偽の事実を述べた時点で、犯人である乙は既に死亡していた可能性が高く、その時点では犯人は死亡していたと推認される。犯人隠避罪の犯罪が成立するかどうかは、刑法103条にいう「罪を犯した者」に死者を含むかどうかによる。

　同条は、捜査、審判及び刑の執行等広義における刑事司法の作用を妨害する者を処罰しようとする趣旨の規定である。捜査機関に誰が犯人か分かっていない段階で、捜査機関に対して自ら犯人である旨虚偽の事実を申告した場合には、それが犯人の発見を妨げる行為として捜査という刑事司法作用を妨害し、同条にいう「隠避」に当たる。犯人が死者であっても、この点に変わりはない。

解説

　死者については、法律上の訴追や処罰される可能性は全くないが、事案の真相解明や関係する者の刑事責任等を明らかにするため、必要な捜査が求められる場合もある。このような場合、それを隠避するような行為は、適正な刑事司法作用を妨げることとなる。

　このような観点も踏まえ、本判決では、死傷者を伴う交通事故発生時に、酒気帯び運転をして事故を招いた運転者が死亡したのに、それを偽り身代わり犯人となった者について、犯人隠避罪の成立を認める判断を行った。

　また、本判決では、酒気帯び運転幇助についても、本件犯人は、酒気帯び運転者から「すすきので飲んできた」と告げられ、運転を替わった直後から異常な運転が行われたこと、飲酒運転の発覚を恐れて身代わり役となったこと等から、酒気帯び運転の幇助犯が成立する、と判示した。

◆◆ 根拠法条 ◆◆

　犯人隠避……刑法103条
　酒気帯び運転幇助……刑法62条1項、道交法65条1項、117条の2の2

101 高速バス事故運転手への名義貸し
前橋地裁平成24年12月10日判決

適用罪名：道路運送法違反、電磁的公正証書原本不実記録・供用
参考文献：裁判所 web

ポイント バス運行のための名義貸し

事案概要

　K社は、関東運輸局長から一般貸切旅客自動車運送事業の許可を受けて、事業を営んでいた。Mは、K社代表者としてその業務全般を統括管理していた。

　Mは、甲と共謀の上、自動車検査登録事務所において、事情を知らない自動車登録官に対し、バス4台の使用者は甲であるのにK社が使用者である旨の虚偽事項を記載した事業用自動車等連絡書を関係書類と共に提出し、本件バス所有者を甲に、使用者をK社とする移転登録申請をし、自動車登録ファイルにその旨不実の記録をさせ、備え付けさせて、公正証書の原本としての用に供した。

　さらに、Mは、一般貸切旅客自動車運送事業の許可を受けていない甲が本件バスを使用して同事業を営むことを知りながら、本件バスについてK社の事業用自動車用緑ナンバーを利用可能にし、その名義を一般旅客自動車運送事業のために利用させた。

　K社及びMは、道路運送法違反、電磁的公正証書原本不実記録、同供用で起訴された。

判決要旨 有罪（K社は罰金160万円、Mは懲役2年・執行猶予5年・罰金160万円）

　Mは、甲と共謀し、自動車登録ファイルに不実記録をさせて公正証書の原本としての用に供し、自動車登録ファイルに対する社会の信頼を損なわせた上、K社の事業に関し、甲にK社の名義を貸し、道路運送事業の運営を適正かつ合理的なものにすることなどを目的とする、道路運送法上の許可制度を

潜脱した。
　K社やMは、本件を契機に甲と取引を行って利益を得たり、種々便宜供与をしていたものであって、これらは許可事業者又はその代表者としての自覚を欠くものとして、厳しく戒められなければならない。

|解|説|

　近年、高速ツアーバスは大都市間の長距離夜行便を中心に急成長を遂げているが、安全面での懸念など様々な問題が指摘されている。特に、高速ツアーバスは利用者と旅行業者との企画旅行契約に基づくサービスの提供であり、関越道高速ツアーバス事故発生当時には、旅行業者はバス輸送について運送に基づく安全確保の責任を負っていない、などの問題点が指摘されていた。
　本件公判において、検察官は、「死者7名を出した関越道高速ツアーバス事故の底流には、被告会社との違法な相互依存関係及び犯人の輸送の安全についての規範意識の欠如があり、これらが重大事故を招いたと評価できるので、犯人らの刑事責任を決めるに当たって十分考慮すべきである。」と主張した。
　これに対し、本判決では、そのような事情と関越道高速ツアーバス事故との間に因果関係があるとは認め難く、刑事責任を加重することはできないと判断した。
　現在では、高速ツアーバスは廃止され、「高速乗合バス」に一本化されている。高速乗合バスは、街なかの路線バスと同様に、運賃を支払い、定められたダイヤに従って運行されるバスに、停留所で乗降する。利用者の安全確保は、運行するバス会社にその責任がある。

◆◆ 根拠法条 ◆◆
　道路運送法違反……道路運送法33条1項、96条2号、99条
　電磁的公正証書原本不実記録・供用……刑法157条1項、158条1項

102 大型貨物車の違法車検
神戸地裁平成14年11月18日判決

適用罪名：虚偽有印公文書作成・同行使、道路運送車両法違反
参考文献：裁判所 web

ポイント 虚偽の保安基準適合証作成

事案概要

　Zは、本件当時、運輸局長から指定自動車整備事業の指定を受けて、自動車の整備及び点検等の業務を営む会社の取締役兼自動車検査員として、道路運送車両法の規定により、保安基準適合証の証明等の業務に従事し、法令により公務に従事する職員とみなされていた。

　Zは、貨物運送会社の社長丙と共謀して、丙のトラクタが継続検査を受けるのに際して、保安基準に適合する旨の内容虚偽の証明をして、車検を通そうと企てた。Zは、トラクタの原動機最高回転制御装置（通称NR装置）が解除されているため、保安基準に適合すると認められないのに、その検査をせずに、保安基準適合証用紙に当該車両が保安基準に適合していることを証明する旨、虚偽の記載をした。さらに、Zは、その虚偽の保安基準適合証の書類を、登録自動車の継続検査更新の申請書類とともに、陸運支局に提出した。

　Zは、虚偽有印公文書作成・同行使、道路運送車両法違反で起訴された。

判決要旨 有罪（懲役2年・執行猶予5年）

　Zは、指定自動車整備事業者である株式会社取締役及びその自動車検査員であるが、丙の経営する運送会社と年間整備契約を締結することで得られる利益が大きいことなどから、その会社が保有する車両について同種の犯行を繰り返し、不正に自動車の継続検査（車検）を受けさせるうちに、本件犯行に及んだ。自社の利益を優先したその動機には酌量の余地はなく、犯行には常習性が認められる。

Zは、自動車検査員として自動車の検査を通じて道路交通の安全を図る職責があるにもかかわらず、顧客の依頼のままにその職責を放棄し、犯行に及んだ。その犯行態様は、NR装置による法規制、ひいては車検制度を無意味にする無責任かつ悪質なものである。本件車両がトラクタという大型車両であることに鑑みれば、NR装置が解除されていることによって、大きな騒音をまき散らす一方、その高速走行により道路交通の安全を害することに加担したことにもなる。

解説

　車検制度は、自動車の構造・装置を定期的に検査することにより、自動車の安全を確保し、公害を防止することを目的としている。このため、道路運送車両法では「道路運送車両の保安基準」を定め、この基準に適合させることを義務付けている。

　本件は、犯人が、貨物自動車運送業を営む共犯者と共謀して、運送会社で使用する貨物自動車について、NR装置が解除されているため保安基準に適合しないにもかかわらず、これに適合する旨の内容虚偽の保安基準適合証を作成して陸運支局係官に提出した、という虚偽有印公文書作成・同行使、道路運送車両法違反の事案である。

　NR装置の装着が必要なトラクタについては、NR装置が機能していることが保安基準の一つとなっており、NR装置が解除されていれば保安基準に適合しないことになる。本件では、トラクタを保有する運送会社側から、NR装置が解除されているがそのままの状態で検査を通してほしいとの依頼がなされ、これを了承して違法な車検が行われた。

◆◆ 根拠法条 ◆◆

　虚偽有印公文書作成・同行使……刑法155条1項、156条、158条1項
　道路運送車両法違反……道路運送車両法94条の5第4項、107条

103 偽の車検証作成
岡山地裁平成14年12月25日判決

適用罪名：虚偽有印公文書作成
参考文献：裁判所 web

ポイント　軽自動車検査協会職員による虚偽検査証作成

事案概要

　Sは、軽自動車検査協会乙事務所検査課主任として、軽自動車の検査、自動車検査証の作成、交付等の職務に従事していた。

　Sは、共犯者らと共謀の上、不正に入手した軽自動車につき、内容虚偽の自動車検査証を作成しようと企てた。Sは、行使の目的をもって、自動車検査証用紙の車両番号欄に車両番号指示器を使用して虚偽の番号を刻印し、有効期間満了日欄に有効期間日付印を使用して押印し、スタンプを使用して「軽自動車検査協会・乙」などと押印した。

　その後、共犯者らが車台番号や使用者名等を記入して、軽自動車協会の押印のある内容虚偽の自動車検査証1通を作成した。

　Sは、虚偽有印公文書作成で起訴された。

判決要旨　有罪（懲役1年6月・執行猶予3年）

　自動車検査証は、軽自動車の検査状況のみならず、所有関係等を確認する公的書類として広く信頼されている文書である。Sは、外形上、不正が判別できない虚偽の内容のものを作成し、自動車検査証に対する信頼を著しく害した。現実に、S作成の虚偽の自動車検査証は、盗難自動車の換金のために所有者を偽る手段に用いられ、被害を発生させている。

　Sは軽自動車の検査に携わるという職責を忘れ、共犯者らの求めるままに、押し出しスタンプによる押印、日付印の押印や車両番号の打刻を行う一方、その余の欄を空白にして共犯者らのほしいがままの記載を許し、不正取引の

手段を提供するに至ったのであり、その刑責は軽いものではない。
　Ｓに関しては、共犯者らから具体的に暴力を受けたりしたこともないのに、その職責上当然求められる毅然とした拒絶をせず、唯々諾々とその要求に応じて犯行に加わった。
　しかしながら、本件は、軽自動車検査協会乙事務所において、共犯者らが暴力団組員ないしその関係者として平素から傍若無人に振る舞っていたところ、Ｓが共犯者から犯行を唆されて敢行したもので、Ｓ自身は何ら利益を得ておらず、その約束もなかった。

解説

　道路運送車両法による自動車の登録制度には、その自動車の所有権を公証し、保護する役割があり、これによって自動車取引が円滑に行われることとなる。このため、法令に基づき、運輸支局等行政当局が必要な役割を担っている。
　本件は、借金等により金銭に窮した暴力団関係者らが、盗難軽自動車の所有者名義を偽って、これを担保に金を借りようとして、平素から暴力団関係者であることを利用し、その職務に関して無理難題を行わせていた職員に対して、一部事項を空欄にした内容虚偽の自動車検査証の作成を指示し、職員がこれに応じ、その後、共犯者らにおいて空欄に虚偽の内容を記載したという虚偽の公文書を作成した事案である。
　本件の背景には、かねてより軽自動車検査協会の事務所自体において、暴力団関係者が人気のある車両番号を得るために、車両番号と暴力団組名を記載したメモ用紙を公然と窓口に置くことを容認していたこと、本件犯行前にも、当該職員の上司である検査課長や事務所長らにおいて、暴力団関係者が職員に対して無理難題を押しつけても適切な対策をとらないばかりか、かえって要求に従うよう指示していたこと等の事情がうかがわれた。本件は、事務所の暴力団関係者に対する弱腰の体質の下で行われた犯行である。

◆◆ 根拠法条 ◆◆
　虚偽有印公文書作成……刑法155条１項、156条

104 観光バス運転手に対する過労運転下命

大阪地裁平成20年1月25日判決

適用罪名：過労運転下命、労働基準法違反
参考文献：裁判所 web

ポイント　重大死傷事故を招いた過労運転の事業主責任

事案概要

　T社は、一般旅客自動車運送事業等を営む事業主である。Pは、T社代表取締役としてその業務全般を統括管理していた。Qは、T社専務取締役かつ運行管理者として、T社の自動車運行を直接管理し、労働時間管理を統括していた。

　Pらは、運転手甲ほか3名に、1日8時間、1週間40時間の法定労働時間を超え、大幅な時間外労働をさせていた。さらに、Pらは、甲が過労のため正常な運転ができないおそれのある状態で車両を運転することになることを知りながら、甲に対し、本件前日夕刻から長野県を出発して大阪府内までの間を観光バスを運転して旅客輸送業務に従事すること等を指示した。

　甲は、本件当日午前5時25分頃、大阪府内の道路において、過労による仮眠状態のまま観光バスを運転して走行させた。これにより、甲は、多数の乗客乗員を乗せて自動車専用道路を走行中、観光バスを分離帯やモノレールの支柱に衝突させる事故を起こし、乗務していた弟を死亡させたほか、乗客25名全員に傷害を負わせた。

　Pらは、道交法違反（過労運転下命）及び労働基準法違反で起訴された。

判決要旨　有罪（T社罰金50万円、P懲役1年・執行猶予3年、Q懲役10月・執行猶予3年）

　バスを運転していた甲は、慣れないスキーバスの運転を余儀なくされていたため、疲労困憊の状態にあった。Pは一般旅客自動車運送業を営むT社代表者という立場にあり、QはT社役員として運行管理業務を担当していたの

> であるから、甲の疲労状態を認識していた以上、事故を未然に防止して乗客や乗員の安全を確保するため、甲に休養を取らせたり、代わりの運転手を準備するなどの対策を講じるべきであった。
> しかるに、Pらはスキーツアーを企画した旅行会社の意向を優先し、T社の利益を確保しようと考えて、甲に対し乗務を命じた。Pらのかかる行為はT社の経済的利益を優先させ、旅客運送事業者として最も重視すべき乗客の安全を軽視したものというほかなく、厳しく非難される。

解説

　バス等事業用自動車の安全対策として、事業者には、運転者に対する教育や健康管理に加えて、適切な労務管理が求められている。事業者は、運転者の過労運転を防止するため、労働時間に係る基準に従い乗務時間等を定めなければならない。また、運行管理者は、乗務しようとする運転者に対して、対面による点呼を行い、酒気帯びの有無や疾病・疲労等の状況を確認し、運行安全の確保のため必要な指示等を行うこととされている。

　本件は、スキーツアーバスの運行等を行う会社の代表取締役と専務取締役が、運転手らに違法な時間外労働をさせ、うち1名の運転手に過労運転を下命したという、道交法違反及び労働基準法違反の事案である。

　会社代表取締役らは、所属するバス運転手に対し、恒常的に時間外労働をさせていた。実際、労働基準監督署や運輸局から労働基準法違反との指摘を受け、運転手が休暇を取得していたように乗務日誌を改ざんするなどしており、労働法規を遵守する意識が希薄であった。このような背景により、スキーシーズンというかきいれ時であったこともあり、会社の利益を優先させ、過酷な時間外労働をさせることに結びつき、重大な交通事故を引き起こした。

　本件過労運転の下命により、居眠り運転による重大事故が引き起こされ、乗務員1名が死亡し、乗客25名が負傷するという結果が生じている。

◆◆ 根拠法条 ◆◆
　過労運転下命……道交法66条、75条1項4号、117条の2の2
　労働基準法違反……労働基準法32条、119条

ETCシステムの車種確認機能の悪用

横浜地裁平成27年6月9日判決

適用罪名：電子計算機使用詐欺
参考文献：裁判所web

ポイント　特大車を大型車と認識させた詐欺事犯

事案概要

　ETCシステムは、高速道路流入時の接地車軸数によって料金車種区分が認識され、流出時に当該区分及び通行区間によって料金が決定される。けん引車と被けん引車の接地車軸数の合計は4車軸であり料金車種区分は「特大車」であるが、接地車軸数の合計が3車軸である場合は「大型車」となる。

　Fは、貨物運送事業を営む会社の運転手である。Fは、ETCシステムに虚偽情報を与えて高速道路通行料金の一部の支払を免れようと企て、高速道路料金所において、料金所直前まで接地車軸数が4車軸の状態で走行してきたが、連結車両の車軸自動昇降装置を操作して一時的に車両の後前軸を上昇させて、3車軸の状態でETCレーンに進入し、そのまま車軸数計測器の上を通過して、ETCシステムに虚偽情報を与えた。これにより、不実の電磁的記録を作り、特大車料金との差額合計額である1,085円相当の財産上の不法利益を得た。

　Fは、電子計算機使用詐欺で起訴された。

判決要旨　有罪（懲役1年6月・執行猶予3年）

　弁護人は、Fの車両は、流入料金所に流入した時点で3車軸の状態であり、特大車であったとはいえないから、ETCシステムに虚偽の情報を与えたとはいえないと主張して、電子計算機使用詐欺罪の成立を争っている。

　車軸数計測器に接続されたETCシステムの利用による事務処理の目的は、車両の通行区間及び区間通行時における料金車種区分に応じた通行料金の算出等にあると認められる。このことに照らせば、Fにおいて、各車両が通行

> 区間を3車軸の状態で通行することができないにもかかわらず、一時的に後前軸を上昇させた状態で車軸数計測器の上を通過し、3車軸の大型車であると計測させたことは、事務処理に使用される電子計算機に虚偽の情報を与えたものというべきである。

解説

　本件は、運送会社の連結車両の運転手が、高速道路のETCシステムを利用するに際して、高速道路流入時の接地車軸数によって料金車種区分が認識され、料金が決定されることを悪用して、通行料金の差額を運送会社に得させた行為に関して、電子計算機使用詐欺罪の成立を認めた事案である。

　本件車両において、連結車両の被けん引車に装備された車軸自動昇降装置は、車軸制御弁を「下降」にした場合は後前軸が下降した状態を保持し、「自動」にした場合は、後軸の軸重が軽くなると後前軸が上昇し、重くなると後前軸が下降するという仕組みであった。

　本件犯人は、流入料金所の直前で車軸制御弁を「下降」から「自動」に操作したことにより、設計上予定されていない一時的な後前軸の上昇が起こり、流入料金所のETCレーンに設置された車軸数計測器の上を3車軸の状態で通過した。その後、本線流入の時点では既に後前軸が自動的に降下して4車軸の状態に戻っており、そのまま流出料金所まで数十分にわたって通行した。

　その間積荷に変動はなかったのであり、流入料金所を通過した時点において、本来、高速道路の通行区間を後前軸が上昇した3車軸の状態で通行することができないものであった。

◆◆ 根拠法条 ◆◆
電子計算機使用詐欺……刑法246条の2

106 トラック運転手に対する過労運転下命
広島地裁平成28年11月14日判決

適用罪名：過労運転下命、労働基準法違反
参考文献：裁判所 web

ポイント　トラックによる死亡事故を誘発した、事業主による過労運転下命

事案概要

　G社は、一般貨物自動車運送事業等を営む事業主である。Lは、G社の取締役兼統括運行管理者兼配車係として、その自動車の運行を直接管理し、その労働者の労働時間管理を統括する業務に従事していた。

　Lは、運転手丙が連続勤務等の過重労働による過労のため正常な運転ができないおそれがある状態で自動車を運転することの情を知りながら、丙に対し、中型貨物自動車を運転して、川崎市内で積み込んでいた荷物を福岡市内へ運搬する業務に従事するように指示した。

　丙は、広島県内の自動車道のトンネル内において、過労による仮睡状態のまま中型貨物自動車を運転し、死者2名を出す交通事故を引き起こした。

　Lは、G社が時間外労働や休日労働に関する労働協定を締結し、労働基準監督署に届け出ていたが、これを無視して、運転手丙や丁に対し、労働協定違反となる時間外労働や休日労働をさせていた。

　G社及びLは、過労運転下命及び労働基準法違反で起訴された。

判決要旨　有罪（G社は罰金50万円、Lは懲役1年6月・執行猶予3年）

　Lは、過労運転等を原因とする危険な交通事故が発生しないよう、法令等に定める基準を遵守して自動車運転手の疲労の蓄積を防止するとともに、その運転手に対して過労運転を命じることがないよう十分に注意すべき立場に

あった。
　それにもかかわらず、Lは、労働時間の基準を守っていては仕事にならない、配車係としてより多くの仕事をしている実績を作りたいという思いや、これまで運転手が大きな事故を起こしたことがなく、これからも起こすことはないだろうという油断から、自分が配車を担当するG社の労働者である自動車運転手2名に対し、平成28年2月以降、労働者との間で締結した協定に定める範囲を大幅に超える時間外労働や休日労働を命じた。また、1名の運転手に対しては、同人が連続勤務等の過重労働による過労状態にあることを認識しながら、休養をとらせるなどの措置を何ら講じることなく、本件過労運転を命じた。
　Lによる本件各行為は、法を無視する身勝手な動機に基づく悪質なものであり、危険な結果を生じさせるおそれも高く、実際、死者2名を出す交通事故が発生し、その危険が現実化したことを考えると、Lの刑事責任を軽く見ることはできない。

|解|説|

　道交法では、運転者の義務として、無免許運転の禁止、酒気帯び運転等の禁止に加えて、過労運転等の禁止を定めている。これは、過労や病気、薬物の影響等で正常な運転ができないおそれがある場合に車両等の運転を行うことは、道路交通に対して大きな危険性を有しているからである。
　本件の運送会社は、以前にも労働時間について行政指導を受けていた。また、事故発生直後には、配車業務日誌を改ざんするなど罪証隠滅工作も行うなどしていた。

◆◆ 根拠法条 ◆◆
　過労運転下命……道交法66条、75条1項4号、117条の2の2
　労働基準法違反……労働基準法32条、119条

運転免許停止処分の取消請求

東京高裁平成19年1月31日判決

関係違反：交差点安全進行義務違反
参考文献：裁判所web

ポイント 免停処分とその後の免許証有効期間の関連

事案概要

Kは、交差点において後方の安全確認を十分に行うことなく、普通乗用自動車を後退させ、車両後方に立っていた歩行者に車両を衝突させて、約20日間の安静加療を要する腰椎捻挫の傷害を負わせる交通事故を起こした。

Kは、公安委員会から30日間の運転免許の効力を停止する処分（本件処分）を受けた。これに対し、Kは、違反行為はしていないし、歩行者の傷害は上記衝突によって生じたものではないなどとして、本件処分の取消しを求めた。

1審は、本件処分後1年以上にわたってKは無違反・無処分で経過したから、将来道交法上の処分が行われる際に本件処分が前歴として考慮されるおそれは消滅しており、本件処分により生ずる法律上の不利益は解消しているし、「違反運転者等」に区分されることによる不利益等は本件処分取消しを求める訴えの利益とはならないとして、Kの訴えを却下した。

Kが控訴した。

判決要旨 控訴棄却

道交法は、免許証の交付又は更新を受けた者を「優良運転者」、「一般運転者」及び「違反運転者等」に区分してそれぞれ更新後の免許証の有効期間を定めており、上記区分に応じて免許証の更新時に受けるべき講習の時間、講習に係る手数料の額が異なる。Kが、本件処分後に行われる最初の免許証の更新時に「違反運転者等」に区分されたならば、「優良運転者」に区分される場合に比して、法律上の不利益を被ることになる。

しかし、上記区分は、考慮期間内において違反行為等をしたことがあるか否かを基準としてなされるのであって、運転免許の効力を停止する処分を受けたか否かを基準としてなされるものではない。本件処分を取り消したからといって、Kは本件処分後に行われる最初の免許証更新に当たり、「優良運転者」に区分される法的地位を回復する、と解することはできない。

解説

　本件において、控訴人は、本件違反行為の有無について司法判断が示されれば、判決の拘束力によって本件処分後に行われた免許証更新時の「優良運転者」に区分されることになる、と主張していた。
　これに対し、本判決では、仮に本件処分を取り消す旨の判決がされたからといって、全く異なる行政手続である免許証更新の手続上、本件違反行為がないことを前提とした区分となると解される根拠は見出せない、と判断している。しかも、控訴人は既に「違反運転者等」に区分された上で有効期間3年間の免許証の更新を受けており、本件処分の取消判決がされたとしても、その理由中の判断が免許証の更新手続に及ぼす効力を問題とする余地はない、と判示している。
　また、控訴人は、一般乗用旅客自動車運送事業（個人タクシー）の許可期限の更新に当たっての不利益回避のため、本件処分の取消しを求める利益がある、と主張していた。
　これに対し、本判決では、上記の許可期限は運輸局長の裁量に委ねられており、本件処分が考慮された許可がなされたら、その点の行政庁の裁量権の行使の適否を争うべきものである、と判示している。

◆◆ 根拠法条 ◆◆
交差点安全進行義務違反……道交法36条4項

関連判例　最高裁平成18年7月21日判決（判時1946号）
　普通車運転者が交差点内で自転車に衝突し、被害者に加療3か月を要する傷害を負わせ、運転免許取消処分を受けたが、本件事故は専ら運転者の不注意により発生したものではないとして、免許取消処分の取消を請求した事案について、運転者には自転車の通行を優先させて安全を確保すべき義務があるとして、請求を棄却した事例

108 運転免許取消処分の取消請求
名古屋地裁平成25年12月19日判決

関係違反：横断歩行者等妨害
参考文献：裁判所 web

ポイント 事故発生場所の特定と横断歩行者妨害

事案概要

　本件事故現場は、北方面から本件道路に交わる丁字交差点と、南方面から本件道路に交わる丁字交差点があり、本件東側交差点の東側には幅員4メートルの横断歩道が設置されていた。Uは、本件当日午後1時10分頃、中型貨物自動車を運転して道路を直進するにあたり、本件道路を横断していた被害者A（当時9歳）に車両左前部を衝突させ、Aに23日間の入院加療及び約4か月間の通院加療を要する脳挫傷、頭蓋骨骨折等の傷害を負わせる交通事故を起こした。

　公安委員会では、Uに対して意見聴取を実施した上で、本件事故の違反点数が15点であるなどとして、Uの運転免許を取り消し、欠格期間1年間（運転免許を受けることができない期間）とする運転免許取消処分を行った。

　Uは、この処分に対して異議申し立てをしたが、公安委員会はこれを棄却する決定をした。Uは、本件運転免許取消処分の取り消しを求めて訴訟を提起した。

　なお、Uの本件事故に関する刑事処分は、簡易裁判所において、自動車運転過失傷害の罪で罰金20万円に処する略式命令となっている。

判決要旨 請求棄却

　車両等は、横断歩道に接近する場合には、その進路の前方を横断しようとする歩行者等がないことが明らかな場合を除き、原則として、横断歩道の直前で停止できるような速度で進行しなければならず、横断歩道によりその進路の前方を横断し、又は横断しようとする歩行者等があるときは、横断歩道等の直前で一時停止し、その通行を妨げないようにしなければならない。

Uは、進路右方の児童遊園に気をとられ、本件横断歩道上を横断する歩行者等の有無及びその安全確認不十分のまま漫然時速約50キロメートルで進行して、車両を被害者Aに衝突させたのであるから、本件事故は、専らUの不注意によって発生した。
　本件事故に係る累積点数は、横断歩行者等妨害等違反による基礎点数2点に、付加点数13点（傷害事故のうち当該傷害事故に係る負傷者の負傷の治療に要する期間が3か月以上であり、当該事故が専ら違反行為をした者の不注意によって発生した場合）を加算した合計15点となり、Uには本件事故の日を起算日とする過去3年以内に行政処分の前歴はなく、その他の違反行為もないから、本件運転免許を取り消し、免許を受けることができない期間を1年間と指定した本件免許取消処分は、適法である。

解説

　運転免許に係る行政処分は、将来における道路交通上の危険を防止するという行政目的を達成するため、行政庁である公安委員会が、自らの事実認定と認定事実に対して法令を適用することによって行うものである。これに対し、刑事処分は、検察官によって訴追された被告人による公訴事実の有無について、裁判所が事実認定及び国家刑罰権を行使することによってなされる。
　本件原告は、本件事故が横断歩道上の事故としては公訴提起されていないとして、横断歩道上の事故ではなかった旨主張した。これに対し、本判決では、本件事故の実況見分や証人の目撃状況等を踏まえ、本件事故は横断歩道上で発生したものと結論し、本件運転免許取消処分は適法である、と判示している。

◆◆◆ 根拠法条 ◆◆◆
　横断歩行者等妨害……道交法38条1項、103条1項、7項、施行令38条、別表第2、別表第3

▶関連判例　東京高裁平成23年7月25日判決（判時2135号）
　同僚と一緒に飲酒した者が、同僚が酒気帯び状態で自動車を運転するに際し、うなずいて同意したところ、対向車と衝突事故を起こしたが、同意した行為は「重大違反の唆し」に当たるとして免許取消処分を受けた事案で、その取消しを請求したが、酒気帯び運転という重大違反を助けたものと判断されて、請求が棄却された事例

109 オートバイ運転者を死亡させた自転車の重過失
福岡高裁平成22年3月10日判決

適用罪名：重過失致死
参考文献：LEX／DB 25501117

|ポイント| 不十分な安全確認での交差点進入

|事案概要|

　本件交差点は信号機が設置されていない交差点であった。東西道路は片側1車線の道路で中央線が標示され、南北道路に対して優先道路となっていた。最高速度は、東西道路及び南北道路ともに40キロメートル毎時に制限されていた。
　Mが自転車で走行していた道路（南北道路）には中央線がなく、本件交差点入口には、一時停止及び指定方向外進行禁止（左折のみ可）の道路標識が設置され、路面には停止線が標示されていた。南北道路を南方面から本件交差点に向けて進行した場合、右方道路へは都市高速道路の橋脚のため見通しが不良であるが、東西道路の外側線を結ぶ破線が表示されている付近に至れば、橋脚に妨げられることなく右方道路への見通しは良好である。
　Mは、自転車で南北道路を時速約15キロメートルで進行して本件交差点に至り、一時停止をせずにそのまま直進した。折から右方道路からオートバイが直進してきて衝突した。この衝突事故により、オートバイ運転者が対向車線に投げ出され、対向車にひかれて死亡した。
　Mは、重過失致死で起訴された。1審は、Mを有罪（禁錮1年・執行猶予3年）とした。Mが控訴し、安全確認義務は十分尽くしているなどと主張した。

|判決要旨|　控訴棄却

　Mが運転する自転車が進行してきた南北道路から右方道路への見通しは橋脚のために不良であったことにも照らすと、Mとしては、まず、本件交差点入口の停止線付近で一時停止して右方道路に対する安全確認をし、それでも

不十分であれば、交差点に進入する前にさらに右方道路に対する安全確認を十分尽くしてから、本件交差点に進入して横断すべき注意義務があった。

Mは、左方道路を見た後は一切右方道路への安全確認をしないまま本件交差点に進入したというのであり、しかも、Mが交差点に進入する前に、再度右方道路への安全確認をすることは容易であったと認められる。Mには、本件交差点に進入し直進するに際して、十分尽くすべき右方道路への安全確認を怠った過失があり、それは重大な過失に当たる。

解説

道交法では、自転車も道路標識等による交通規制に従うべき義務がある（2条1項8号、11号、17号）。本件は、交差点入口に一時停止及び指定方向外進行禁止（左折のみ可）の道路標識が設置され、優先道路と交わる交差点に進入するに際して、他方道路を進行してきた自転車運転者が、一時停止せず、右方の安全確認を怠った重過失により、死亡事故を引き起こした事案である。

自転車運転者としては、南北道路の南方面から本件交差点に進入して東西道路を横断することは本来避けるべきであった。仮に、道交法上の義務に違反して東西道路を横断するのであれば、優先道路である東西道路から進行してくる車両の交通を妨害しないよう、安全確認を尽くすべき注意義務があった。

本判決では、このような点も踏まえ、自転車運転者の重過失を認める判断を示した。

◆◇ 根拠法条 ◇◆

重過失致死……刑法211条

関連判例　大阪地裁平成23年11月28日判決（判夕1373号）

自転車運転者が、幹線道路の交差点ではない地点で安全確認不十分なまま道路横断しようとしたところ、幹線道路を進行していた大型車両等が衝突回避のため歩道に乗り上げ、歩行者2名が死亡した事案について、自転車運転者に重過失致死罪が成立するとして有罪（禁錮2年）とされた事例

110 急勾配を下る児童の自転車と女性との衝突事故

神戸地裁平成25年7月4日判決

関係違反：安全運転義務違反
参考文献：判時2197号

ポイント　児童の監督義務者の事故賠償責任

事案概要

　本件道路はアスファルト舗装で路面は平坦であるが、南方面に下り坂になっていた。本件事故当時の天候は晴れで、路面は乾燥していた。本件道路の最高速度は、時速30キロメートルであった。

　事故当時、F（当時11歳）は、スイミングスクールから自宅に帰宅するために、W（Fの母親）の自転車（マウンテンバイク）をライトを点灯して運転し、本件道路を北から南に向かって走行し始めた。Fは、急勾配の本件道路を時速20～30キロメートルの高速度で走行していた。

　一方、乙（当時62歳）は、事故当時、近所に住む足の悪い高齢女性の散歩に付き添って、本件道路をゆっくりと歩行していた。Fは、前方10.3メートルの地点を歩いている乙を発見したが、制動を効かせる暇もなくそのまま進行して、自転車と乙は正面衝突した。

　乙は約2メートル飛ばされて転倒し、頭部を路面に強打した。乙は、脳挫傷等の傷害を負って病院に搬送され治療を受けたが、意識不明の状態に陥った。

　乙及び乙に保険金を支払った保険会社は、Fは責任無能力であることから、Fの親権者であり、自転車の走行に関して交通ルール等を教示しなければならないWに対して、民法上の不法行為責任を根拠に、損害賠償請求を行った。

判決要旨　Wは合計9,500万円余を支払え

　本件事故は、Fが、本件道路上を自転車で走行するに際し、自車の前方を注視して交通安全を図るべき自転車運転者としての基本的注意義務があるに

もかかわらず、これを尽くさないまま、勾配のある本件道路を速い速度で走行し、衝突直前に至るまで乙に気付かなかったことによって発生した。
　他方、乙においても、進路前方の安全に留意して歩行すべきであり、前方の確認がやや不十分であったものの、乙らとＦ運転の自転車の大きな速度差、Ｆの加害行為及び注意義務違反の内容・程度等に鑑みると、乙に過失相殺の対象としなければならない程の過失があったとは認め難い。

解説

　民法では、未成年者が不法行為により他人に損害を加えた場合、自己の行為の責任を弁識するに足りる知能を備えていなかったときは、賠償責任を負わない（民法712条）。この場合、その責任無能力者を監督する法定義務者が、代わって損害賠償責任を負う（民法714条１項）。ただし、監督義務者がその義務を怠らなかったときは、責任を免れる。
　本事案において、当該児童は、本件事故当時11歳の小学生であったため、未だ責任能力がなかったと判断された。そのため、本件事故により被害者に生じた損害については、児童の唯一の親権者で監督義務を負っていた母親が、民法714条１項により賠償責任を負うかどうかが、問題となった。
　母親は、監護下にある児童に対して、日常的に自転車の走行方法について指導するなど、監督義務を果たしていたと主張した。これに対し、本判決では、母親が当該児童に対してヘルメット着用も指導していたと言いながら、本件事故当時はヘルメット着用を忘れて来ていたことなどに照らすと、十分な指導や注意をしていたとはいえず監督義務を果たしていなかった、と判断した。

◆◈◆ 根拠法条 ◆◈◆
　安全運転義務違反……道交法70条、71条

判 例 索 引

▶…関連判例

最高裁判所

▶昭和55年 9 月22日決定 ……………………………………………47
▶昭和61年 2 月14日判決 ……………………………………………15
▶昭和62年 9 月17日決定 …………………………………………… 9
▶平成 5 年10月12日決定 …………………………………………133
▶平成 5 年10月29日決定 ……………………………………………21
▶平成 9 年 1 月30日判決 ……………………………………………33
▶平成16年 7 月13日決定 ……………………………………………75
▶平成16年10月19日決定 ……………………………………………57
▶平成18年 3 月14日決定 …………………………………………177
▶平成18年 7 月21日判決 …………………………………………221
▶平成19年 9 月18日判決 ……………………………………………35
▶平成20年10月16日決定 …………………………………………175
▶平成23年10月31日決定 …………………………………………181
▶平成24年 2 月 8 日決定 …………………………………………111
平成25年 4 月15日判決（危険運転致死傷の幇助罪）……………184

高等裁判所

- ▶札幌高裁昭和60年1月24日判決 ……………………………… 5
- ▶高松高裁昭和61年6月18日判決 ……………………………… 25
- ▶仙台高裁昭和62年11月12日判決 ……………………………… 23
- ▶東京高裁平成元年4月26日判決 ……………………………… 7
- ▶名古屋高裁平成2年7月17日判決 …………………………… 113
- ▶福岡高裁平成3年12月12日判決 ……………………………… 55
- ▶大阪高裁平成4年11月19日決定 …………………………… 197
- ▶東京高裁平成5年4月22日判決 ……………………………… 79
- ▶東京高裁平成5年9月24日判決 ……………………………… 19
- ▶東京高裁平成6年8月9日判決 ……………………………… 27
- ▶大阪高裁平成12年12月14日判決 ……………………………… 17

東京高裁平成13年5月10日判決（停止中の車両への当て逃げ）………52
東京高裁平成13年7月11日判決（通行帯違反と運転者の内心）………40
高松高裁平成14年3月12日判決（トラックの死角と注意義務）………108
- ▶大阪高裁平成14年10月23日判決 ……………………………… 91

広島高裁平成15年7月15日判決（高速道路でのひき逃げ死亡事故）……58
福岡高裁宮崎支部平成15年7月17日判決（酒気帯び運転の認定）……22
大阪高裁平成15年9月12日判決（証拠血液の領置方法）………………24
広島高裁松江支部平成16年1月26日判決（酒気帯び運転の証明）……26
- ▶東京高裁平成16年12月1日判決 ……………………………… 189

東京高裁平成17年1月19日判決（ナンバープレート規制の適法性）…16
- ▶東京高裁平成17年5月25日判決 ……………………………… 101

札幌高裁平成17年8月18日判決（飲酒運転の口裏合わせ）…………206
東京高裁平成19年1月31日判決（運転免許停止処分の取消請求）……220
大阪高裁平成20年2月14日判決（シートベルト装着義務違反の成否）…46
- ▶東京高裁平成20年5月15日判決 ……………………………… 43

広島高裁平成20年5月27日判決（逃走のための逆行による事故）……164
仙台高裁平成21年2月24日判決（酒酔い危険運転致死傷の幇助行為）…182

名古屋高裁平成21年7月27日判決（睡眠時無呼吸症候群と危険運転の成否） ……………………………………………………………………174
福岡高裁平成22年3月10日判決（オートバイ運転者を死亡させた自転車の重過失） ………………………………………………………………224
▶東京高裁平成22年12月10日判決 ……………………………………………159
▶東京高裁平成23年7月25日判決 ……………………………………………223
名古屋高裁金沢支部平成24年9月11日判決（雪の高速道路での速度調節義務） …………………………………………………………………………102
東京高裁平成25年2月22日判決（パトカーからの逃走と通行妨害） ………168
東京高裁平成25年5月8日判決（呼気検査への非協力） ……………………32
東京高裁平成25年6月11日判決（開放ドアへの自転車衝突） ……………132
東京高裁平成26年3月26日判決（赤色信号の殊更無視） …………………176
高松高裁平成26年10月23日判決（速度規制の妥当性）……………………… 8
札幌高裁平成26年12月2日判決（速度超過と緊急避難）………………………10
大阪高裁平成27年7月2日判決（ドリフト走行による重大事故） …………104
東京高裁平成28年6月8日判決（危険ドラッグ使用の危険運転） …………156

地方裁判所

- ▶東京地裁平成元年1月24日判決 ……………………………………………73
- ▶大阪地裁平成2年3月7日判決 ……………………………………………195
- ▶大阪地裁平成3年5月21日判決 ……………………………………………61
- ▶横浜地裁平成4年3月3日判決 ……………………………………………49
- ▶千葉地裁平成5年11月5日判決 ……………………………………………89
- ▶名古屋地裁平成6年2月21日判決 …………………………………………135
- ▶大阪地裁平成6年9月26日判決 ……………………………………………179
- ▶札幌地裁平成10年11月6日判決 ……………………………………………39
- ▶東京地裁平成12年5月23日判決 ……………………………………………109
- ▶横浜地裁相模原支部平成12年7月4日判決 ………………………………129
- 京都地裁平成13年8月24日判決（歩行者通行の妨害）………………………42
- 大阪地裁平成13年10月11日判決（対向車線へのはみ出し事故）……………96
- 静岡地裁平成13年10月26日判決（酒酔い運転中の積み荷落下による重大事故）……………………………………………………………………………106
- 横浜地裁平成13年11月2日判決（高速道の路面凍結とスリップ死亡事故）……98
- 神戸地裁平成14年1月9日判決（免許失効と無免許運転）……………………44
- 神戸地裁平成14年1月30日判決（飲酒運転の身代わり）……………………202
- 千葉地裁平成14年3月28日判決（患者搬送救急車の交差点事故）……………68
- 福岡地裁小倉支部平成14年6月3日判決（追跡接近行為と死亡事故）………122
- さいたま地裁平成14年6月18日判決（2名死亡の多量飲酒危険運転）………138
- 横浜地裁小田原支部平成14年7月12日判決（集団暴走妨害に対する仕返し）……………………………………………………………………………34
- 福岡地裁小倉支部平成14年9月12日判決（外車損害を装った保険金詐欺）…196
- 福岡地裁平成14年9月19日判決（暴力団員による暴走行為者追跡）………188
- ▶東京地裁八王子支部平成14年10月29日判決 ………………………………139
- 神戸地裁平成14年11月18日判決（大型貨物車の違法車検）………………210
- ▶東京地裁平成14年11月28日判決 ……………………………………………141
- 高松地裁平成14年11月28日判決（商業施設駐車場内でのひき逃げ）………54
- 長野地裁平成14年12月10日判決（暴走運転による右折車両への衝突）……70

岡山地裁平成14年12月25日判決（偽の車検証作成） …………………212
神戸地裁平成15年1月16日判決（複数事故と因果関係） ……………56
津地裁平成15年1月29日判決（過労運転による重大追突事故） ………114
神戸地裁平成15年1月29日判決（死亡事故回避の可能性） ……………130
神戸地裁姫路支部平成15年2月19日判決（知人とのカーチェイスの末の死傷事故） ……………………………………………………………162
神戸地裁平成15年2月26日判決（居眠り運転による死亡事故） …………78
徳島地裁平成15年3月26日判決（暴走行為者逮捕に伴う実力行使） ……36
長野地裁平成15年4月7日判決（左折トラックによる死亡事故） ………72
大阪地裁平成15年5月8日判決（安全確認を欠いた右直死亡事故） ……74
神戸地裁平成15年5月14日判決（多重追突事故の偽装） ………………198
▶仙台地裁平成15年5月28日判決 ……………………………………203
▶大阪地裁平成15年6月19日判決 ……………………………………171
静岡地裁平成15年7月2日判決（急ブレーキによる傷害致死） …………190
横浜地裁横須賀支部平成15年7月16日判決（サイドブレーキ引き忘れによる死亡事故） ……………………………………………………84
▶千葉地裁松戸支部平成15年10月6日判決 …………………………143
名古屋地裁岡崎支部平成15年10月18日判決（追突されたバス運転手の身代わり） ……………………………………………………………204
▶東京地裁平成15年11月26日判決 ……………………………………163
水戸地裁平成15年12月1日判決（大型トレーラによる危険運転） ………140
さいたま地裁平成16年4月9日判決（パトカー追跡を免れるための危険運転） ……………………………………………………………170
神戸地裁平成16年4月16日判決（見通しが悪い横断歩道での死亡事故） ………80
宇都宮地裁平成16年8月3日判決（無登録車両の危険運転致死傷） ……172
静岡地裁平成16年11月10日判決（救護義務対象となる「負傷者」） ……60
神戸地裁平成17年7月15日判決（オービス速度測定の正確性） ………18
岡山地裁倉敷支部平成17年9月9日判決（自転車女性に対するひき逃げ死亡事故） ……………………………………………………………62
松山地裁平成17年12月26日判決（暴走自動二輪車による死亡事故） ……124
仙台地裁平成18年1月23日判決（ウォークラリー高校生への突入事故） …142
静岡地裁平成18年1月25日判決（一般道暴走運転による重大事故） ……158

神戸地裁平成18年7月20日判決（速度違反の測定方法の正確性）……………2
神戸地裁平成18年8月23日判決（パトカー追尾による速度測定）……………4
大阪地裁平成18年9月12日判決（無免許酒気帯び運転での信号無視）………28
奈良地裁平成19年2月23日判決（大型トラックによる渋滞車列への衝突）…116
仙台地裁平成19年3月15日判決（仙台アーケード街暴走事故）………………192
さいたま地裁平成19年3月16日判決（生活道路での園児死傷事故）…………126
▶佐賀地裁平成19年5月8日判決……………………………………………………167
神戸地裁平成19年8月29日判決（オービスの計測誤差）………………………20
松山地裁平成20年1月17日判決（飲酒の上の暴走運転事故）…………………128
京都地裁平成20年1月18日判決（速度計測結果の信用性）……………………6
大阪地裁平成20年1月25日判決（観光バス運転手に対する過労運転下命）…214
▶東京地裁平成20年7月16日判決……………………………………………………31
神戸地裁平成20年9月9日判決（危険物積載トラックによる追突死亡事
　　故）……………………………………………………………………………………118
さいたま地裁平成20年11月12日判決（飲酒の上の暴走危険運転）……………144
松山地裁平成20年11月28日判決（事故現場からの逃走と正面衝突事故）……166
大阪地裁平成21年1月16日判決（ひき逃げを装った殺人）……………………194
静岡地裁平成21年2月26日判決（タイヤ脱落による重大事故）………………110
さいたま地裁平成21年3月11日判決（マイクロバスからの児童転落）………86
神戸地裁平成21年3月25日判決（走行中のタイヤ破裂と死亡事故）…………88
名古屋地裁平成21年8月10日判決（信号表示を無視した交通事故）…………76
大阪地裁堺支部平成22年7月2日判決（駐車場発車時の巻き込み死亡事
　　故）……………………………………………………………………………………146
大分地裁平成23年1月17日判決（車両による店舗外壁損壊）…………………100
名古屋地裁平成23年7月8日判決（渋滞高速道路での多重衝突事故）………120
▶大阪地裁平成23年11月28日判決……………………………………………………225
大阪地裁平成24年3月16日判決（車両への攻撃と正当防衛）…………………64
長野地裁平成24年7月5日判決（飲酒運転同乗への黙示の依頼）……………30
静岡地裁浜松支部平成24年9月24日判決（駐車場内での暴走事故）…………90
前橋地裁平成24年12月10日判決（高速バス事故運転手への名義貸し）………208
神戸地裁平成24年12月12日判決（アルコール影響による居眠り運転）………148
千葉地裁平成25年5月23日判決（ゼロG状態での高速度走行）………………160

名古屋地裁平成25年6月10日判決（脱法ハーブ使用の危険運転致死）………152
神戸地裁平成25年7月4日判決（急勾配を下る児童の自転車と女性との衝突事故）……………………………………………………………………226
神戸地裁平成25年7月9日判決（偽装事故の否認）………………………200
名古屋地裁平成25年9月5日判決（積載コンテナ落下による重大事故）……112
名古屋地裁平成25年12月19日判決（運転免許取消処分の取消請求）………222
東京地裁平成26年2月4日判決（追跡車両の急ブレーキとパトカー追突）……48
前橋地裁平成26年3月25日判決（関越道高速ツアーバス事故）……………134
札幌地裁平成26年9月2日判決（てんかん発作と危険運転致傷）……………178
横浜地裁平成27年6月9日判決（ＥＴＣシステムの車種確認機能の悪用）…216
函館地裁平成27年6月19日判決（薬物多量服用と危険運転致死）……………154
仙台地裁平成27年7月9日判決（車載式速度測定機器による取締り）…………12
札幌地裁平成27年7月9日判決（スマホ操作熱中の飲酒危険運転）…………150
千葉地裁平成28年5月10日判決（フリーマーケット会場への暴走事故）………92
前橋地裁高崎支部平成28年6月27日判決（集団登校中の小学生の列への暴走事故）……………………………………………………………………94
札幌地裁小樽支部平成28年9月28日判決（アルコール等影響発覚免脱罪）…180
札幌地裁平成28年11月10日判決（暴走重大事故のひき逃げ死亡事故）…………66
広島地裁平成28年11月14日判決（トラック運転手に対する過労運転下命）…218
名古屋地裁一宮支部平成29年3月8日判決（スマホゲームへの脇見運転と死亡事故）……………………………………………………………………82

家庭裁判所

水戸家裁平成27年10月13日決定（集団暴走加担の違法性）……………………38

簡易裁判所

東京簡裁平成14年11月27日判決（オービスによる速度違反取締り）………14

［著者略歴］
江原　伸一（えばら　しんいち）
1980年警察庁入庁。
富山県警察本部長、科学警察研究所総務部長、岡山県警察本部長、中国管区警察局長等を歴任し、2014年退職。
損保ジャパン日本興亜（株）顧問。

実務セレクト
交通警察　110判例

平成29年8月1日　初　版　発　行
令和3年6月20日　初版3刷発行

著　者　　江　原　伸　一
発行者　　星　沢　卓　也
発行所　　東京法令出版株式会社

112-0002	東京都文京区小石川5丁目17番3号	03(5803)3304
534-0024	大阪市都島区東野田町1丁目17番12号	06(6355)5226
062-0902	札幌市豊平区豊平2条5丁目1番27号	011(822)8811
980-0012	仙台市青葉区錦町1丁目1番10号	022(216)5871
460-0003	名古屋市中区錦1丁目6番34号	052(218)5552
730-0005	広島市中区西白島町11番9号	082(212)0888
810-0011	福岡市中央区高砂2丁目13番22号	092(533)1588
380-8688	長野市南千歳町1005番地	
	〔営業〕TEL 026(224)5411　FAX 026(224)5419	
	〔編集〕TEL 026(224)5412　FAX 026(224)5439	
	https://www.tokyo-horei.co.jp/	

©SHINICHI EBARA Printed in Japan, 2017
　本書の全部又は一部の複写、複製及び磁気又は光記録媒体への入力等は、著作権法上での例外を除き禁じられています。これらの許諾については、当社までご照会ください。
　落丁本・乱丁本はお取替えいたします。

ISBN978-4-8090-1373-7

図書案内

実務セレクト 生活安全警察110判例

生活安全警察に特化したコンパクト判例集の決定版!

江原 伸一 著

- A5判
- 256頁
- 定価(本体2,000円+税)

ISBN978-4-8090-1343-0 C3032 ¥2000E

本書の特長

守備範囲の広い生活安全警察の関連判例の中から

★実務本位でセレクト。
★平成15年以降のものを中心に、分野をバランスよく収録。

★1判例につき見開き2ページ読切りだから
★事案概要、判決要旨、解説が簡潔明瞭!
★コンパクトな誌面で、手軽に調べられる!

★判例の理解を助ける
★豆知識〔用語解説〕
★関連判例

90　耐震偽装マンションの販売

東京高裁平成21年3月6日判決

根拠法条：刑法246条1項
参考文献：判タ1304号

ポイント　不作為による詐欺行為

事案概要

マンション販売会社の社長Kは、自社が販売造計算書の計算結果が虚偽であり、建物の安全算によって確認されていないことを認識した。

Kは、自社やその関連会社の役員等からの報告等によって、本件物件はNが構造計算書を改ざんした物件であり、11名に対してその事実を告げず、残代金の支払会社名義の銀行口座に合計4億1,400万円余りを

Kは詐欺罪で起訴された。1審は詐欺罪の成執行猶予5年〕とした。K及び検察官が控訴した。

判決要旨　控訴棄却

本件物件は、Nが構造計算書を改ざんし、その安全性が建築基準法に規定する構造計算によって確認されていない、いわゆる耐震強度偽装物件の一つであった。Kは、自社やその関連会社の役員等からの報告等によって、本件物件はNが構造計算書を改ざんした物件（マンション）であり、その購入者への引渡しが翌日であることを認識した。本件物件の安全性に問題があることを全く知らない購入者らに対し、事実を告げるなどして残代金の支払請求を一時的にでも撤回すべきであったのに、そのような指示をすることなく、購入者らに残代金を振込入金させた。

Kの犯行は、マンション業者を信用するしかない購入者らの信頼を裏切るもので、マンション販売会社の社長として無責任極まりない犯行であった。

解説

新築分譲マンション販売時において、構造計算書の計算結果が虚偽であって建物の安全性が建築基準法に規定する構造計算によって確認されていないということは、そのマンション居室の購入者にとって、建物の安全性に関する重大な瑕疵である。顧客側でそのような問題があるとの情報を得れば、契約を見直したり残代金の支払いを拒絶しようとしたりすることも、十分想定できる。民法及び売買契約上の信義誠実の原則からいっても、販売会社側から買主に対し瑕疵がある旨を告げるなどして、予定されていた残代金の支払請求を、一時的にでも撤回すべき義務があると考えられる。

本件マンション販売会社は、デベロッパーとして相当数の耐震偽装物件を抱えていたことから、その後破産手続が開始され、本件犯人も破産手続が開始されて自己の財産を失った。分譲マンションのデベロッパーには、一般消費者に安全な商品を提供する責任がある。

本件犯人は、物件引渡しの前日になって構造計算書が改ざんされた物件であることを知り、物件引渡しを中止すれば多くのトラブルが発生し、大きな問題となって多大な影響が及ぶと予想されたため、求められた事実の告知等を行わなかった。本判決では、このような不作為も詐欺の実行行為にあたる、と判断した。

豆知識㊾　耐震基準

建築物等の構造物が、どの程度の耐震能力を持っているかを保証する基準。建築基準法令で定められており、建築を許可するか否かの基準ともなっている。地震は複雑な自然現象であるため、耐震基準は現在の知見や技術水準に基づいて「建物を使用する人の安全を確保する」という観点で定められている。

関連判例　東京地裁平成18年12月26日判決（WJ）
一級建築士が構造計算書の改ざんを行っていた事案について、建築基準法違反に当たるとした事例

東京法令出版

- ●インターネットでお申込み　http://www.tokyo-horei.co.jp/
- ●お電話でお申込み　0120-338-272
- ●FAXでお申込み　0120-338-923